Los Sonetos 'Al I̶̶̶̶̶̶̶
De
Íñigo López de Mendoza
Marqués de Santillana

Edición crítica, introducción y notas
de Maxim. P.A.M. Kerkhof
y Dirk Tuin

Madison, 1985

317661

Spanish Series, No. 18

ISBN 0-942260-47-3

Expresamos nuestra gratitud a la *Fundación Juan March* por la ayuda parcial para la publicación de esta edición.

También es un grato deber hacer constar aquí nuestro agradecimiento al Prof. Dr. Lloyd A. Kasten (University of Wisconsin-Madison) y a nuestro buen amigo Ángel Gómez Moreno (Universidad Autónoma de Madrid) por las valiosas sugerencias que han mejorado notablemente la versión definitiva de nuestra edición.

Índice

I

Introducción

1. Ediciones de los *Sonetos*

Los primeros 17 sonetos:

Rimas inéditas de don Íñigo López de Mendoza, Marqués de Santillana, de Fernán Pérez de Guzmán, Señor de Batres y de otros poetas del siglo XV. Edición de Eugenio de Ochoa, Imprenta de Fain y Thunot, París, 1844, pp. 75-95. Los manuscritos que utilizó Ochoa son: Pa, Pe y Ph.[1]

Cancionero de Juan Fernández de Ixar. Estudio y edición crítica por José María Azáceta, C.S.I.C., Madrid, 1956, pp. 599-611. Texto del manuscrito Mi. Esta edición contiene muchos errores de transcripción y el cuerpo de variantes es muy defectuoso.[2]

Todos los sonetos:

Obras de don Íñigo López de Mendoza, Marqués de Santillana, ahora por vez primera compiladas de los códices originales, e ilustradas con la vida del autor, notas y comentarios por don José Amador de los Ríos, Madrid, 1852, pp. 271-297. Amador basó su edición en los manuscritos Ma, Mi y Sd y en las *Rimas inéditas...* (véase arriba). Subscribimos completamente los reparos que Luigi Sorrento puso en 1922 a esta edición. Son:
a. "...mancanza di un saldo metodo scientifico e precisamente di una direttiva sicura e definitiva"
b. "Errori di citazioni in s.A. (= Amador) sono frequenti"
c. "...quanto all'ortografia, s.A. raggiunge il massimo dell'arbítrio"[3]

Los sonetos 'al itálico modo' de don Íñigo López de Mendoza,

Marqués de Santillana. Estudio crítico y nueva edición de los mismos por Ángel Vegue y Goldoni, Madrid, 1911. El editor usó los códices R, M, I y P (en nuestras siglas: Sd, Ma, Mi y Ph). Aunque sí menciona Pa y Pe (según nuestro sistema de siglas), no introduce las variantes de estos dos códices en el aparato crítico.[4] La transcripción es poco concienzuda,[5] se omite gran número de variantes ortográficas y fonéticas[6] y algunas veces se enmienda el texto de los códices donde éstos ofrecen buenas lecturas.[7] A pesar de los defectos es la mejor edición que ha sido publicada hasta hoy día.

Cancionero Castellano del Siglo XV, por R. Foulché-Delbosc, tomo I, NBAE 19, Madrid, Bailly-Baillière, 1912, pp. 517-526. Reproduce el texto establecido por José Amador de los Ríos, aunque cambia de vez en cuando la ortografía y la fonética.

M. Pérez y Curis, *El Marqués de Santillana, Íñigo López de Mendoza.* El poeta, el prosador y el hombre, Montevideo, 1916. En el *Apéndice V* (pp. 399-408) figuran los *Sonetos fechos al itálico modo.* En las *Notas al apéndice V* el autor aclara que el texto es "el de Amador de los Ríos...Para las variantes me he servido de las ediciones de Ángel Vegue y Goldoni (sonetos 1 al 42) y Eugenio de Ochoa (1 al 17)."[8]

Marqués de Santillana, Poesías completas. Serranillas, cantares y decires. Sonetos fechos al itálico modo. Edición de Manuel Durán, Clásicos Castalia, n° 64, Madrid, 1975, pp. 305-333. Con excepción de unas pocas alteraciones es el texto de Amador de los Ríos.[9]

Los sonetos 'al itálico modo' del Marqués de Santillana. Edición crítica, analítico-cuantitativa por Josep Sola-Solé, Puvill, Barcelona, 1980. El editor no nos ofrece en la introducción a su edición el criterio que le ha guiado al establecer los textos. En todo caso no puede haber visto el manuscrito "VII-Y-4 (moderno: II, 617) = R...hasta hace poco en la Biblioteca del Palacio Real y ahora en la Universitaria de Salamanca."[10] Este manuscrito—nuestro Sd—se encuentra ya desde 1954 en Salamanca y, en su paradero anterior, la Biblioteca del Palacio, nunca tuvo la signatura II, 617. El II, 617, que lleva como título "Poesías varias," forma parte de los fondos de la Biblioteca de Palacio (olim: VII-A-3).[11] Comparando la edición que aquí nos ocupa con las anteriores resulta que Sola-Solé se basó en Amador de los Ríos y en el *Cancionero de Juan Fernández de Ixar* en la edición de Azáceta. Sin embargo, no siguió el orden que los sonetos tienen en las ediciones utilizadas; con toda arbitrariedad lo cambió a base de la siguiente clasificación temática: *1*) sonetos amorosos (22), *2*) religiosos (8), *3*) políticos (4), *4*) panegíricos (3), *5*) didácticos (3), y *6*) fúnebres (2).[12]

Keith Whinnom escribió sobre esta edición: "Much of the text is pure Amador (and I can find not one word to suggest that Sola-Solé is aware that Amador is unreliable), but for the early sonnets in the 'Cancionero de Fernández de Ixar.'...the also inaccurate edition of Azáceta appears to be preferred, even when it is patently wrong, and rejected readings of BN MS 3677 (Amador's M) go unrecorded."[13] Whinnom continúa diciendo que todavía no disponemos de una edición crítica de los *Sonetos* del Marqués de Santillana.

Compartimos la opinión del hispanista inglés y por eso intentaremos cubrir esa necesidad en las páginas que siguen.

Notas

[1]Véase el capítulo sobre los manuscritos.
[2]Cf. Maxim. P.A.M. Kerkhof en su edición de la *Comedieta de Ponza* del Marqués de Santillana, Groningen, 1976, pp. 3-4.
[3]Luigi Sorrento, "Il 'Proemio' del Marchese di Santillana," *Revue Hispanique*, LV (1922), pp. 10, 12 y 14.
[4]Cf. la p. 66 de la edición de Vegue y Goldoni.
[5]Véanse unos ejemplos:
Soneto 1, vs. 14. Mi: cansado (V. y G.: causado)
Soneto 3, vs. 4. Mi: femençia (V. y G.: feruencia); vs. 14. Mi: rreposo (V. y G.: resposo)
Soneto 4, vs. 12. Mi: ni (V. y G.: nin); vs. 13. Ma: pudiese (V. y G.: pudiesen), etc.
[6]Vegue y Goldoni introduce variantes de tipo ortográfico y fonético, pero no explica por qué menciona unas y pasa por alto otras. Faltan por ejemplo:
Soneto 1, vs. 2. Sd: çielo; vs. 3. Ph: uentura; vs. 12. Ma, Ph: asi; Mi: asy; Ma: seruicio; vs. 13. Ph: ueo
Soneto 2, vs. 3. Ma: uellido
etc.
[7]Véanse las notas a los textos.
[8]Eugenio de Ochoa, *Rimas inéditas...*, *op. cit.*
[9]Cf. el artículo-reseña de M.P.A.M. Kerkhof, "Algunas observaciones sobre la edición de Manuel Durán de las 'Serranillas,' 'Cantares y Decires' y 'Sonetos fechos al itálico modo' del Marqués de Santillana (Clásicos Castalia, n°. 64, Madrid, 1975)," *Neophilologus*, LXI (1977), pp. 86-105, y la reseña de Keith Whinnom, *Bulletin of Hispanic Studies*, LVIII (1981), pp. 140-141.
[10]Sola-Solé, *ed. cit.*, p.13.
[11]Cf. M.P.A.M. Kerkhof, *art. cit.*, p. 88.

[12]Sola-Solé, *ed. cit.*, pp. 13-14. Cf. también nuestro capítulo III.
[13]Reseña citada, p. 141. Aunque la 'edición crítica' no nos convence en absoluto consideramos de suma utilidad el análisis cuantitativo, el vocabulario y su frecuencia, las concordancias y tablas. Cf. la reseña de Antonio Quilis en *Revista de Filología Española*, LX (1978-1980), pp. 372-373.

2. Manuscritos utilizados

(1) Empleamos el sistema propuesto por Alberto Vàrvaro en *Premesse ad un'edizione critica delle poesie minori di Juan de Mena*, Napoli, 1964, pp. 10-20. A la sigla MH (Vàrvaro, *op. cit.*, p. 14) hemos añadido el subíndice diferenciador *a* para distinguirlo del 'Cancionero de Juan Álvarez Gato,' que se custodia también en la Biblioteca de la Real Academia de la Historia.

(2) Adolf Mussafia, "Per la bibliografia dei 'Cancioneros' Spagnuoli," en *Denkschriften der Kaiserlichen Akademie der Wissenschaften, Philosophisch-Historische Classe*, 47. Band, Wien, 1902, pp. 1-3.

(3) Alessandra Bartolini, "Il canzioniere castigliano di San Martino delle Scale (Palermo)," *Bolletino Centro di studi filologici e linguistici siciliani*, Palermo, 4 (1956), pp. 164-165.

(4) José María Azáceta en la introducción a su edición del *Cancionero de Juan Fernández de Ixar, ed. cit.*, tomo I, pp. XXXII-XXXV, del *Cancionero de Gallardo*, C.S.I.C., Madrid, 1962, pp. 10-14, y del *Cancionero de Juan Alfonso de Baena*, tomo I, C.S.I.C., Madrid, 1966, pp. XCIV-XCVIII.

(5) Brian Dutton (con la colaboración de Stephen Fleming, Jineen Krogstad, Francisco Santoyo Vázquez y Joaquín González Cuenca), *Catálogo-Índice de la Poesía Cancioneril del Siglo XV*, Madison, 1982. Es el catálogo más completo de los cancioneros del siglo XV. Por lo tanto, es preferible utilizar sus siglas. Pero cuando esta obra salió, nuestra edición ya estaba terminada; de modo que nos hemos limitado a añadir solamente las nuevas siglas a este esquema.

(6) A. Morel-Fatio, *Catalogue des manuscrits espagnols et portugais de la 'Bibliothèque Nationale,'* Paris, 1892.

(7) Homero Serís, *Manual de bibliografía de la literatura española*, Primera Parte, Syracuse, New York, 1948.

(8) Charles V. Aubrun, "Inventaire des sources pour l'étude de la poésie castillane au XVe siècle," en *Estudios dedicados a Menéndez Pidal*, IV, Madrid, 1953, pp. 297-330.

(9) J. Simón Díaz, *Bibliografía de la Literatura Hispánica*, tomo III, vol. primero, C.S.I.C., Madrid, 1963.

(10) Jaqueline Steunou y Lothar Knapp, *Bibliografía de los cancioneros castellanos del siglo XV y repertorio de sus géneros poéticos*, vol. I y vol. II, Centre National de la Recherche Scientifique, Paris, 1975 y 1978.

(11) Joaquín González Cuenca, "Cancioneros manuscritos del prerrenacimiento," *Revista de Literatura*, XL (1978), pp. 177-215.

(12) Continuando la lista de Mussafia, Henry R. Lang (List of Cancioneros, en *Cancionero Gallego-Castelhano, the Extant Galician Poems of the Gallego-Castilian school (1350-1450)*, collected and edited with a literary study,

1	2	3	4	5				referencias en otros repertorios						
siglas	Mussafia	Bartolini	Azáceta	Dutton	biblioteca - lugar	signatura	signatura(s) anterior(es)	6 A. Morel-Fatio	7 Homero Serís	8 Ch. V. Aubrun	9 J. Simón Díaz	10 Steunou-Knapp	11 J. González Cuenca	folios Sonetos
Sd	$x^{3^{12}}$ [Lang]	Lc	—	SA8	Biblioteca Universitaria - Salamanca	2655	Palacio: 1114 / VII-Y-4 / 2-G-4 / [II] 747	—	2176	C.I.6	—	049	1.2.3.1	175r-184r
Ma	—	Lb	—	MN8	Biblioteca Nacional - Madrid	3677	M - 59	—	2176	C.I.3	—	012	1.2.2.2	82v-85r 193r-200r
Mi	I	I	FI	MN6b	Biblioteca Nacional - Madrid	2882	M - 275	—	2175	B.II.4	2828	011	1.1.2.4	263r-265v
MHa	L	La	AH	MH1	Biblioteca de la Real Academia de la Historia - Madrid	2-7-2 MS. 2	S - 9 - 2	—	2188	B.V.1	2834	027	1.1.5.1	109r-109v 134r
Pa	A	A	PA	PN4	Bibliothèque Nationale - París	226	Anc. Fonds: 7819	586	2216	B.III.3	2803	036	1.1.4.3	102v-105r
Pe	E	E	PE	PN8	ibídem	230	Anc. Fonds: 7825	590	2216	B.III.7	2807	040	1.1.4.7	175v-183r
Ph	H	H	PH	PN12	ibídem	313	Anc. Fonds: 8168	593	2216	B.III.10	2810	044	1.1.4.10	129r-137r

notes and glossary by..., New York-London, 1902, p. 276) dio a este códice la sigla
X^3.

Se incluye una abundante bibliografía sobre estos manuscritos en la edición crítica que
hizo Maxim. P.A.M. Kerkhof de la *Comedieta de Ponza*, Groningen, 1976, pp. 18-77.

3. El orden de los sonetos en los distintos códices

	Sd	Ma	Mi	MHa	Pa	Pe	Ph
"Quando yo veo la gentil criatura"	36	42	17	9	17	17	17
"Lloró la hermana maguer qu'nemiga"	1	1	1	—	1	1	1
"Qual se mostraua la gentil Lauina"	2	22	2	—	2	2	2
"Sitio de amor con grand artilleria"	3	2	3	—	3	3	3
"Non solamente al templo diuino"	4	3	4	—	4	4	4
"El agua blanda en la peña dura"	5	23	5	—	5	5	5
"Fedra dio regla e manda qu'en amor"	6	4	6	4	6	6	6
"O dulçe esguarde vida e honor mía"	7	5	7	5	7	7	7
"Non es el rayo del Febo luziente"	8	6	8	6	8	8	8
"Fiera Castino con aguda lança"	9	7	9	7	9	9	9
"Despertad con afflato doloroso"	10	24	10	8	10	10	10
"Timbre de amor con el qual combate"	11	8	11	—	11	11	11
"Calla la pluma e luze la espada"	12	9	12	—	12	12	12
"Quando yo soy delante aquella dona"	13	26	13	1	13	13	13
"El tiempo es vuestro e si d'él vsades"	14	10	14	2	14	14	14
"Amor debdo e voluntad buena"	15	25	15	3	15	15	15
"Non en palabras los ánimos gentiles"	16	27	16	4	16	16	16
"Oy qué diré de ti triste emisperio"	17	28	17	5	17	17	17
"Lexos de vos e çerca de cuydado"	18	29	—	6	—	—	—
"Doradas ondas del famoso río"	19	11	—	7	—	—	—
	20	12	—	8	—	—	—

	Sd	Ma	Mi	MHa	Pa	Pe	Ph
"En el próspero tiempo las serenas"	21	13	—	—	—	—	—
"Non es a nos de limitar el año"	22	30	—	—	—	—	—
"Traen los caçadores al marfil"	23	14	—	—	—	—	—
"Si el pelo por ventura voy trocando"	24	15	—	—	—	—	—
"Alégrome de ver aquella tierra"	25	16	—	—	—	—	—
"Non de otra guisa el índico serpiente"	26	17	—	—	—	—	—
"Si la vida biuiesse de Noé"	27	18	—	—	—	—	—
"Cuentan que esforçaua Thimoteo"	28	19	—	—	—	—	—
"Buscan los enfermos sanctuarios"	29	20	—	—	—	—	—
"Vençió Aníbal al conflicto de Canas"	30	31	—	—	—	—	—
"Forçó la fortaleza de Golías"	31	32	—	—	—	—	—
"Rroma en el mundo e vos en España"	32	33	—	—	—	—	—
"Porqu'el largo beuir nos es negado"	33	34	—	—	—	—	—
"Clara por nombre por obra e virtud"	34	37	—	9	—	—	—
"Del çelestial exérçito patrón"	35	36	—	—	—	—	—
"Virginal templo do el Verbo diuino"	36	35	—	—	—	—	—
"Adiuinatiuos fueron los varones"	—	21	—	—	—	—	—
"Leño felice qu'el grant poderío"	—	38	—	—	—	—	—
"Ánima deuota que en el signo"	—	39	—	—	—	—	—
"Si ánima alguna tú sacas de pena"	—	40	—	—	—	—	—
"De si mesma comiença la ordenada"	—	41	—	—	—	—	—
"De la superna corte curial"	—	42	—	—	—	—	—

4. Cuerpo de variantes

En este capítulo ofrecemos los textos de los 36 sonetos que figuran en Sd, con las variantes de los mismos sonetos de Ma, los 9 de MHa y los 17 de Mi, Pa, Pe y Ph. Siguen los seis sonetos que únicamente figuran en Ma. Después del cuerpo de variantes de los sonetos viene un inventario con variantes de los epígrafes. En este cuerpo reproducimos los epígrafes de Mi seguidos de las variantes de Pa, Pe y Ph, y los de Ma y MHa; a partir del soneto nº XVIII vienen los de Ma y MHa.

I

Quando yo veo la gentil criatura
qu'el çielo acorde con naturaleza
formaron loo mi buena ventura
el punto e hora que tanta belleza

me demostraron e su fermosura
ca sola de loor es la pureza
mas luego torno con ygual tristura
e plango e quexome de su crueza

Ca non fue tanta la del mal thereo
nin fizo la de achila e de potino
falsos ministros de ti ptholomeo

assi que lloro mi seruiçio indigno
e la mi loca fiebre pues que veo
e me fallo cansado e peregrino

1 Pa, Pe: creatura 2 Ma, Pa, Pe, Ph: cielo, Pa: acuerde, Mi, Pa: naturalesa 3 Pe: my, Ph: uentura 4 Ma: ora, Mi: el tienpo e ora, Pa, Pe: el tiempo e hora, Ph: el tienpo e hora, Pa: bellesa 6 Mi: solo de loar es grand pureza, Pa, Pe, Ph: solo, Pa, Pe: puresa 7 Ma: igual, Mi, Pe: egual tristeza, Pa: egual tristesa, Ph: tristeza 8 Mi: tu crueza, Pa, Pe: cruesa 9 Ma: theseo, Mi: mo thereo, Pa, Pe: tanto, tereo 10 Ma: potyno, Mi, Pa, Pe: pontino, Mi: ni fiso, Pe: nyn, Mi, Pa, Pe, Ph: achilla 11 Ma, Mi, Ph: tholomeo, Pa, Pe: tolomeo, Mi: ty, Pe: falcos 12 Ma, Ph: asi, Mi: asy, Pe: assy, Ma, Pa, Pe: seruicio, Ma: indino, Mi: yndigno, Pa: loro 13 Pe: lo my, Ph: ueo

II

Llora la hermana maguer q*u*'enemiga
al rrey don Sa*n*cho e co*n* gra*n*d se*n*tido
pro*ç*edio presto co*n*tra el mal vellido
serua*n*do en acto la fraternal liga

o dul*ç*e hermano pues yo q*ue* ta*n*to amiga
jamas te fue com*m*o podre çelar
de te llorar plañir e lamentar
por bien qu'el seso contraste e desdiga

O rreal casa tanto perseguida
de la mala fortuna e molestada
No pienso juno q*ue* mas ençendida

fue contra thebas ni*n* tanto indignada
antropos muerte me plaze e non vida
si tal ventura ya non es cansada

1 Ma, Mi, Ph: lloro, Pa: loro, Pe: llora, Pe: enamiga 2 Ma: grant, Pa, Ph: gran, Pa, Pe: sanxo 3 Ma: uellido, Pa, Pe: procedio, bellido 4 Mi: faternal, Pe: freternal 5 Pa, Pe: dulce, Pe: hermono, Ph: pues que yo que tanto 6 Ma, Pa, Pe, Ph: como, Ma, Mi: padre, Mi: zelar, Pe: cellar 7 Ma, Ph: planir, Pa: planyir, Pe: planyr, Mi: llorar e plañir, Pa: lorar 8 Pe: ceso 9 Ma: tanta, Pe, Ph: real 11 Ma, Mi, Pa, Pe, Ph: non, Mi: penso, Pa: piense, Pa, Pe: encendida, Ph: junno 12 Ma, Mi: ni, Pe: nyn, Mi: fuese, tebas, yndignada 13 Ma: plaçe, Mi: plase, no, Ph: uida 14 Ma, Mi: sy, Ma, Ph: uentura, Ma: canssada, Mi: causada, Pa, Pe: no

III

Qual se mostraua la ge*n*til lauina
en los ho*n*rados te*m*plos de laure*n*çia
quando sole*m*pnizauan a heritina
las ge*n*tes d'ella con toda feme*n*çia

e qual paresçe flor de clauellina
en los frescos jardines de flore*n*çia
vieron mis ojos en forma diuina
la v*uest*ra ymajen e diua prese*n*çia

Quando la llaga o mortal ferida
llago mi pecho con dardo amoroso
la qual me mata en prompto e da vida

me faze ledo contento e quexoso
alegre passo la pena indeuida
ardiendo en fuego me fallo en reposo

1 Mi: lauiana 2 Ma, Ph: honrrados, Mi: onrrados, Ma, Pa, Pe: laurencia, Mi, Ph:
tenplos, Pa: tiemplos 3 Ma: solenizauan, Mi, Ph: solepnizauan, Pa: solennizauan, Pe:
sollemnisauan, Ma, Mi: eritina, Pa, Pe, Ph: heretina Mi: que quando 4 Ma, Pe:
femencia, Pa: feruencia, Mi: la gentes 5 Ma: pareçe, Pa: paresce, Pe: parece, Mi:
clauellyna, Ph: frol, crauellina 6 Ma, Pa, Pe: florencia 7 Pa, Pe: hoios, Pe: mys 8 Ma *om.*
la, Ma: imagen, Mi, Pa, Pe,Ph: ymagen, Ma, Pa, Pe: presencia, Mi, Pa, Pe, Ph: deal,
Pe: vostra 9 Pa: laga e mortal, Pe: llaga e mortal 10 Pa: lago, Pe: my 11 Ma, Pe: promto,
Mi, Ph: pronto, Mi: mata e, Ph: uida 12 Mi: fase 13 Ma, Mi, Ph: paso, Ma: indebida, Mi:
yndeuida, Pa, Pe: induyda 14 Mi: rreposo

IV

Sitio de amor con grand artilleria
me veo en torno e poder inmenso
e jamas cessan de noche e de dia
nin el animo mio esta suspenso

de sus conbates con tanta porfia
que ya me sobra maguer me deffenso
pues que faras o triste vida mia
ca non lo alcanço por mucho que pienso

La corporea fuerça de sanson
nin de dauid el grand amor diuino
el seso nin saber de salamon

nin hercules se falla tanto digno
que resistir podiessen tal prision
assi que a deffensar me fallo indigno

1 Ma: grant, Ph: gran, Mi, Ph: artelleria, Mi: sytio, Pa, Pe: del amor 2 Ma: y, Mi:
ynmenso, Pa: immenso, Pa, Pe: torno en poder, Ph: ueo 3 Ma: y (1), Pe: y (2), Mi: çesan,
Ph: cesan, Pa: yamas 4 Mi: ni, Pe: nyn, myo, suspensoso 5 Ma, Pa, Pe: combates, Mi
om. de sus conbates con tanta porfia 6 Ma, Mi, Ph: defenso, Pa: defienso, Mi, Pa, Pe,

Ph: sobran 7 Pe: mya, Ph: uida 8 Mi, Pa, Pe, Ph: que non, Pa, Pe: le, *om*. que, Pe: alcanso, pienço 9 Ma, Pa: samson 10 Ma: grant, Ph: gran, Mi: ni, Pe: nyn, Pa, Pe *om*. el 11 Ma, Ph: salomon, Mi, Pa: ni, Pe: ny, ceso 12 Ma: dino, Mi: ni, Pe: nyn, Mi: ercoles, Ph: ercules, Pa, Pe: tan digno, Ph: fallo 13 Ma: pudiese, Mi, Ph: pudiesen, Pa: pudiessen, Mi: rresistir, Pe: resestir, Ph: regestir, Pe: prison 14 Ma, Mi, Ph: defensar, Pa: defiensar, Ma: indino, Mi: yndigno, Mi: asy, Pe: assy, Ph: asi

V

No solame*n*te al te*m*plo diuino
donde yo creo seas reçeptada
segu*n*d tu animo santo benigno
preclara infante muger mucho amada

mas el abismo o çentro maligno
te seguiria sy fuesse otorgada
a cauallero por golpe ferrino
cortar la tela por cloto filada

Assi no*n* lloren tu muerte maguer sea
en hedad nueua e tie*m*po triumphante
mas la mi triste vida q*ue* dessea

y*r* donde fueres com*m*o fiel amante
e conseguirte dulçe mia ydea
e mi dolor açerbo e inçessante

1 Ma, Mi, Pa, Pe, Ph: non, Ma, Mi: tenplo, Pa: tiemplo 2 Ma, Mi, rreçeptada, Pa, Pe: acceptada, Mi: seras 3 Ma: segunt, Ph: segun, Mi: tu santo animo benigno, Pa, Pe, Ph: tu sancto animo benigno 4 Mi: ynfante 5 Ma, Mi, Pa, Pe, Ph: al, Ma: maglino, Mi: centro, Pa, Pe: abismo e centro, Ph: abismo e çentro 6 Ma: çe seguira, Pe: seguira, Ph: siguiria, Ma, Pa, Pe, Ph: si, Ma, Mi: fuese, Pa, Pe, Ph: fues 7 Ma: fferrino, Pe: ferino 9 Ma, Ph: asi, Mi: asy commo llore tu, Pa: loren 10 Ma: hedad truena e, Ma, Mi, Ph: tienpo, Ma: trivnfante, Mi, Ph: triunfante, Pa, Pe: edat, Ph: hedat 11 Ma, Mi, Ph: desea, Pe: my 12 Ma, Pa, Pe: como, Pa: furias, Pe: fueras, Pa, Pe: leal amante 13 Pa, Pe: dulce 14 Ma, Pe: my, Ma: ynçenssante, Mi: ynçesante, Pa, Pe: incessante, Ph: inçesante, Mi: arçebo, Pa, Pe: acerbo, Mi, Pa *om*. e (2)

VI

El agua blanda en la peña dura
faze por curso de *tiem*po señal
e la rueda rodante la ventura
trasmuda o troca del geno humanal

pazes he visto apres gra*n*d rotura
atarde tura bien ni*n* faz'el mal
mas la mi pena jamas ha folgura
nin punto çessa mi langor mortal

Por ventura diras ydola mia
que a ti no*n* plaze del mi perdimiento
antes reprueuas mi loca porfia

di que faremos al ordenamiento
de amor que priua toda señoria
e rige e manda n*uest*ro entendimiento

1 Mi: pena, Pa: la piedra dura, Pe: la pedra dura, Ph: aygua 2 Ma: senal, Mi, Ph: tienpo, Pa, Pe: del tiempo senyal 3 Mi, Pa: rrueda, Mi: rrodante, Ph: uentura 4 Ma: toca, Mi: vmanal, Pa: transmuda e trueca, Pe: transmuda e truecha, Ph: transmuda e troca, Pa: genus 5 Ma: paces, e visto, g.ant, Ph: gran, rrotura 6 Ma: tura el bien, Mi, Pa, Pe, Ph: dura, Mi: ni, Pe: nyn, Mi: fase mal, Pa, Pe, Ph: faze mal 7 Mi: forgura, Pa: yamas, Pe: my 8 Ma, Pa, Pe: cessa, Mi: çesa, Ma: languor, Mi: ni, Pe: nyn, my 9 Ph: uentura 10 Mi: plase, Mi, Pa, Ph: de mi, Pe: de my, ty 11 Mi: rreprueuas, Pe: reproeuas, my 12 Pa, Pe, Ph: faremos del ordenamiento 13 Ma: senoria, Pa, Pe: senyoria 14 Ma: rije, Mi: rrige

VII

Fedra dio regla e ma*n*da q*ue* amor
qua*n*do la lengua non se falla osada
a demostrar la pena o la dolor
que en *e*l animo afflicto es enplentada

la pluma escriua e muestre ell ardor
que dirruye la mente fatigada
pues osa mano mia e sin temor
te faz ser vista fiel enamorada

No*n* te piensses que tanta belleza
e sinçera claror quasi diuina

contenga en si la feroçe crueza

nin la nefanda soberuia maligna
pues vaya lexos invtil pereza
e non se tema de ymagen benigna

1 Ma, Mi, Ph: rregla, Pa: mando 2 Ma: no, Pa, Pe: ozada, Pe: llengua 3 Mi: ha, *om.* la (2), Pa: demuestrar, pena e la 4 Ma: aflito, Mi, Pa, Ph: aflicto, Pe: efflicto, Ma: eplentada, Mi, Ph: enplantada, Pa, Pe: enplectada, *om.* animo 5 Ma: escriba, Mi, Pa, Pe, Ph: el 6 Ma: distruye, Mi: derruye en la, Pa, Ph: destruye, Pe: destrue 7 Pe: oza 8 Pa, Pe, Ph: faze, Ph: uista 9 Ma, Mi, Pa, Pe, Ph: e non, Ma, Mi, Pa, Ph: pienses, Pe: piences 10 Ma, Pa: sincera, Mi: synçera, Pe: cincera, Ma: casi, Mi: que asi 11 Ma: feroze, Mi: fuerte crueza, Pa, Pe: feroce, Mi, Pe: sy 12 Ma: malina, Mi: maglina, Mi: ni, Pe: nyn, Pa: nephanda, Pe: neffanda 13 Ma: baya, Mi: vayan, Ma, Pa, Ph: inutil, Mi: ynvtil 14 Ma: imagen

VIII

O Dulçe esguarde vida e honor mia
segunda helena templo de beldad
so cuya mano mando e señoria
es el arbitrio mio e voluntad

yo soy tu prisionero e sin porfia
fueste señora de mi libertad
e non te pienses fuyga tu valia
nin me desplega tal captiuidad

Verdad sea que amor gasta e dirruye
las mis entranas con fuego amoroso
e la mi pena jamas diminuye

nin punto fuelgo nin soy en reposo
mas biuo alegre con quien me destruye
siento que muero e non soy quexoso

1 Ma, Pa, Pe: dulce, Ma, Mi: onor, Pe: mya 2 Ma, Mi, Pe, Ph: elena, Mi, Ph: tenplo, Pa, Pe, Ph: beldat 3 Pa: so cuyo mando y senyoria, Pe: so cuya mando y senyoria 4 Mi: arbitro, Ph: albitrio, Pa, Pe: volundat, Ph: uoluntad, Pe: myo 5 Mi: presionero, Pe: prisonero 6 Ma: fuiste, Mi, Ph: fuste, Pa, Pe: senyora, libertat, Pe: my 7 Pa: pienses, Pe: piences, Pa, Pe, Ph: fuya 8 Mi: ni, Pe: nyn, Mi: cabtiuidad, Pa, Pe: captiuidat, Ph: cautiuidat 9 Ma, Pa, Ph: destruye, Mi: deruye, Pe: destrue, Pa, Pe, Ph: verdat 10 Ma,

Mi, Ph: entrañas, Pa: entranyas, Pe: entrannas, mys 11 Ma: deminuye, Pe: diminue, Pa, Pe: yamas, Pe: my 12 Mi, Pa, Pe, Ph: fuelga, Mi: ni (2), Pe: nyn (1 + 2), Mi, Ph: rreposo, Pa, Pe, Ph: so 13 Pa, Pe: viuo, Ph: vino, Pa: refuye, Pe: reffuye 14 Pa, Pe, Ph: so

IX

Non es el rayo del febo luziente
nin los filos de arabia mas fermosos
que los vuestros cabellos luminosos
nin gemma de topaza tan fulgente

eran ligados de vn verdor plaziente
e flores de jazmin que los hornaua
e su perfecta belleza demostraua
qual biua flamma o estrella d'oziente

Loo mi lengua maguer sea indigna
aquel buen punto que primero vi
la vuestra ymagen e forma diuina

tal commo perla e claro rubi
e vuestra vista tarsica e benigna
a cuyo esguarde e merçed me di

1 Ma: de febo, luciente, Mi: lusiente, flebo, Mi, Ph: rrayo, Pa: es la el rayo 2 Mi: ni, Pe: nyn, Mi: fijos, Pa, Pe: fillos 3 Ma: cauellos 4 Ma: gema de poza, Mi, Ph: gema destupaza, Pa, Pe: gema de estupaza, Mi: ni, Pe: nyn, Pa, Pe: tan resplandeciente, Ph: tan luziente 5 Ma: placiente, Mi: plasiente, Pe: hun verdor 6 Ma, Mi, Pa, Pe, Ph: ornaua, Pa: jassemin, Pe: jausamin 7 Ma: perfeta, Ma, Mi, Pa, Pe, Ph: mostraua 8 Ma, Mi, Pa, Ph: flama, Pe: fama, Pa, Pe: viua, Ma, Pa, Pe: d'oriente, Mi: de oriente, Ph: de orient 9 Mi: yndigna, Pa, Pe: maguer se indigna, Pe: my 10 Mi: vy, Ph: ui, Pa, Ph: e aquel, Pe: e aquell 11 Ma: imagen, y 12 Ma, Pa, Pe: como, Ma, Mi, Ph: rrubi, Pa: rrobi, Ph: perla o claro 13 Mi: a vuestra, tarsita 14 Ma: cuio, Ma, Pa, Pe: merced, Mi: de cuyo, dy

X

Fiera castino con aguda lança
la temerosa gente pompeana
el cometiente las mas vezes gana

al victoriosa nuze la tardança

razon nos mueue e çierta esperança
es el alferze de nuestra vandera
e justiçia patrona e delantera
e nos conduze con grand ordenança

Rrecuerde vos la vida que biuides
la qual yo llamo ymagen de muerte
e tantas menguas sean vos delante

pensad las causas por que las sofrides
ca en vuestra espada es la buena suerte
e los honores del carro triumphante

1 Ma: ffiera, lanza, Pa: catino, Pe: casenno 2 Ma, Mi, Ph: ponpeana, Pe: ponpeano 3 Mi: veses 4 Pa, Ph: al victorioso, Ma: el victorioso, Mi: vyrtuoso, Pe: victoriozo, Ma: tardanza, nuçe Pa, Pe: nose 5 Ma, Ph: rrazon, Mi: raso, Ma: mueue a çierta esperanza, Pa, Pe: e tarda esperança 6 Ma: alferçe, Mi: alferes, Ma: bandera, Ph: uandera, Mi: demuestra vandera, Pa, Pe: el es alferez, Pe: nostra 7 Ma om. e (1 + 2), Pa, Pe: justicia 8 Ma: ordenanza, grant, Mi: grad, Ph: gran, Mi: a vos conduse, Ph: e uos conduze 9 Ma: uida, Ma, Ph: rrecuerde uos, Ma: uiuedes, Mi: beuides, Pa, Pe: viuides, Ph: veuides 10 Pa: lamo 12 Mi: cabsas, Pa: piensat, Pe: pensat, soffrides 13 Ma: buen 14 Ma: triunphante, Mi, Ph: triunfante

XI

Despertad con afflato doloroso
tristes sospiros la pesada lengua
mio es el daño e vuestra la mengua
que yo assi biua jamas congoxoso

por ventura sera que haure reposo
quando recontares de mis vexaçiones
aquella a quien sus crueles prisiones
ligan mis fuerças con perno amoroso

Quieres que muera o biua languiendo
e sea occulta mi graue dolençia
la qual me gasta e va dirruyendo

e sus langores non han resistençia

de q*ue* temedes ca yo non entiendo
morir callando sea grand sçiençia

1 Mi: con el flaco, Pa, Pe, Ph: con el flato, Pa: despiertat, Pe: despertat, dolorozo 3 Ma:
vuestra la lengua, Mi: dapño, Pa: danyo, Pe: danino, Mi, Pa, Pe, Ph: e suya la, Pe: myo
4 Mi: asy, Pe: assy, Ph: asi, Pa, Pe, Ph: viua, Pa: yamas, Pe: congoxozo, Mi: congoxosa
5 Ma, Ph: aure, Mi: abre, Pa, Pe: hauere, Mi: rreposo, Ph: uentura 6 Ma: contaredes,
Mi: quanto te encontrares, Pa: recuentare, Pe: recontare, Ma, Mi, Pa, Pe, Ph *om.* de,
Ma: vexaciones, Pe: mys vexaciones 7 Ma, Pa, Pe: crueles passiones, Ph: presiones, Mi
om. aquella a quien sus crueles prisiones 8 Pa, Ph: ligan sus fuerças, Pe: ligan sus fuerces
9 Mi: biua lagiendo, Pa, Pe: viua callando, Ph: uiua callando 10 Ma: o sea, Ma, Pa, Ph:
dolencia, Mi, Ph: oculta, Pe: my greua dolentia 11 Ma: va destruyendo, Mi *om.* la qual
me gasta e va dirruyendo, Ph: ua 12 Ma, Pa, Pe, Ph: resistencia, Mi: rresistençia 13 Mi:
temedes que non entiendo, Pa, Pe, Ph *om.* yo 14 Ma, Pa, Ph: gran, Ma, Pa, Pe: sciencia,
Ph: sçiencia

XII

Timbre de amor con *el* q*ua*l co*m*bate
catiua e pre*n*de toda ge*n*te humana
del animo gentil derrero mate
e de las mas fermosas soberana

de la famosa rueda tan çercana
non fue por belleza virginea
nin fizo dido nin dampne penea
de quien ouidio gra*n*d loor esplana

Templo emicante donde la cordura
es adorada e honesta destreza
silla e reposo d*e* la fermosura

choro plaziente do virtud se reza
valgame de esa tu mesura
e non me judgues contra gentileza

1 Mi: tynbre, Pa: tiemple, Pe: tinble, Ph: timble, Mi, Ph: conbate 2 Mi: cabtiua, Pa, Pe,
Ph: captiua, Mi: toda la gente, vmana 3 Ph: derero 4 Pe: fermosa 5 Ma, Pe: cercana, Mi:
fauosa, Mi, Pa, Ph: rrueda 6 Mi: vyrginea, Pe: bellesa 7 Ma: dapne, Mi, Ph: danne, Pa,
Pe: damne, Mi: ni (1 + 2), Pe: nyn (1 + 2), Mi: fiso 8 Ma, Ph, gran, Ma, Pa, Pe, Ph:
explana, Mi, Pe, Ph: omero, Pa: homero 9 Mi: tenplo, Pa, Pe: tiemplo 10 Ma, Mi:
onesta, Pe: destreza 11 Mi: sylla, rreposo 12 Ma: placiente, Mi: plasiente, Mi, Ph: coro,

Mi: vyrtud, rresa, Ph: rreza, Pa, Pe: plaziente de virtud 13 Mi: denesa, Pa, Pe, Ph: essa
14 Ma: y, no, Ma, Pa, Ph, juzgues

XIII

Calla la pluma e luze la espada
en vuestra mano rrey muy virtuoso
vuestra exçellençia non es memorada
e caliope fuelga e a reposo

yo plango e lloro non ser comendada
vuestra emminençia e nombre famoso
e redarguyo la mente pesada
de los biuientes non poco enojoso

Porque non cantan los vuestros loores
e fortaleza de memoria digna
a quien se humilia los grandes señores

a quien la ytalia soberuia se inclina
dexen el carro los emperadores
a la vuestra virtud quasi diuina

1 Ma: luçe, Mi: luse 2 Mi: vyrtuoso, Ph: rey 3 Mi, Ph: exçelençia, MHa: excelençia, Pa,
Pe: excellencia, Pe: vostra 4 Ma, MHa, Ph: ha, Mi, MHa: rreposo, Pa, Pe: haue 5 Ma:
no, Pa: loro, Pe: plango el lloro 6 Ma, Mi, MHa: eminençia, Pa, Pe, Ph: eminencia, Ma,
Mi, MHa: nonbre, Pe: vostra, Ph: nonble 7 Mi, MHa: rredarguyo, Pa, Pe, Ph: mente
fatigada 8 Ma: vinientes, Pa, Pe: viuientes, Ph: veuientes, Pe: enoiozo 9 Mi: catan 10 Ma:
fortalleza, Mi, Pa: fortalesa 11 Ma, Mi: vmillan, MHa, Ph: omillan, Pa, Pe: humilian,
MHa: senores, Pa, Pe: senyores 12 Ma: onclina, Mi: ynclina, MHa: entalia 13 Ma, Mi,
MHa, Ph: enperadores 14 Ma, MHa: casi, Mi: quasy, vyrtud, Pe: virtut, vostra

XIV

Quando yo soy delante aquella dona
a cuyo mando me sojudgo amor
cuydo ser vno de los que en tabor
vieron la grand claror que se razona

o que ella sea fija de latona

segund su aspecto o grand resplandor
assi que punto yo non he vigor
de mirar fixo su deal persona

El su fablar grato dulçe amoroso
es vna marauilla çiertamente
e modo nueuo en humanidad

ell andar suyo es con tal reposo
honesto e manso su contenente
ca libre biuo en catiuidad

1 Pa, Pe *om.* yo, Ph: delant 2 Ma: cuio, Ma, MHa: sojuzgo, Pa: sozjugo, Pe: sujugo, Ph: soiuzgo, Mi: mandado 3 Ma: cuido, Mi: cuyo 4 Ma, MHa: grant, Mi: calor, Pa: gran, Pe, Ph: gran calor, Mi: rrasona, MHa, Ph: rrazona, Pe: rasonaua, Pa *om.* se 6 Ma, MHa: segunt Ph: segun, Ma: aspecto de grant, Mi, Pa, Pe: e grand, MHa: e grant, Ph: e gran, Mi, MHa: rresplandor 7 Ma: no, Mi: asy, MHa, Ph: asi, Pe: assy, Pa: punto ya non 8 Mi: su de deal, MHa: so deal 9 Ma, Pe: dulce 10 Ma, Pe: ciertamente 11 Ma: modo trueno, Pa: modo non nueuo, Pe: modo no nueuo, Mi: vmanidad, MHa: vmanidat, Pa, Pe, Ph: humanidat 12 Ma, Mi, MHa, Pa, Pe, Ph: el, Mi, MHa: rreposo 13 Ma, Mi, MHa, Pa, Pe, Ph: continente, Mi, MHa: onesto, Mi: mando, Mi, MHa, Pa, Pe, Ph: e su 14 Ma, Pa, Pe, Ph: viuo, Ma, Mi: captiuidad, MHa: cabtiuidat, Pa, Pe, Ph: captiuidat

XV

El tiempo es vuestro e si del vsudes
commo conuiene non se fara poco
non llamo sabio mas a mi ver loco
quien lo impidiere ca si lo mirades

los picos andan pues si non velades
la tierra es muelle e la entrada presta
sentir la mina que pro tiene opresta
nin ver el daño si non reparedes

Ca si bien miro yo veo a sinon
magra la cara desnudo e fambriento
e noto el modo de su narraçion

e veo a vlixes varon fraudulento
pues oyd e creed a lychaon
ca chica çifra desfaze grand cuento

1 Ma, Mi, Ph: tienpo, Ma, Mi, MHa, Pa, Pe, Ph: vsades, Mi: sy 2 Ma, Pa, Pe: como, Ma: conbiene, MHa: conviene 3 Ma: my, uer, MHa: fablo sabio, Pa: lamo 4 Ma, MHa: inpidiere, Mi, Pe: enpediere, Pa: empediere, Ph: inpediere, Mi: sy, Pe: quasi 5 Mi: sy 6 Pa, Pe, Ph: mueble 7 Mi: sentyr 8 Ma: dapno, Pa: danyo, Pe: danino, Ma, Mi, MHa: rreparades, Pa, Pe: repartades, Ph: reparades, Mi: ni, Pe: nyn, Mi: sy 9 Pe: assy non 10 Ma, Mi, MHa, Ph: fanbriento, MHa: desnuyo 11 Ma, Pa, Pe: narracion 12 Ma: olixes, Mi, MHa, Ph: ulixes, MHa: fraudalento, Ph: ueo 13 Ma: lichaon, Mi, MHa, Pa, Pe, Ph: licaon, MHa, Pe, Ph: oyt, MHa, Pa, Ph: creet, Pa: hoyt, Pe: cret 14 Ma: desfaçe, Mi: desfase, Ma, MHa, Pa: gran, MHa: canticha, Pa: xifra, Pe: xiffra

XVI

Amor debdo e voluntad buena
doler me fazen de v*uest*ra dolor
non poco me pena v*uest*ra pena
e me torme*n*ta la v*uest*ra langor

çierto bien siento q*ue* non fue terrena
aquella flam*m*a nin la su furor
que vos inflam*m*a e vos encadena
infima carçel mas çeleste amor

Pues que dire remedio es oluidar
mas animo gentil atarde oluida
e yo conosco ser bueno apartar

pero desseo consume la vida
assi diria siruiendo esperar
ser qualq*ue* aliuio de la tal ferida

1 Ma, Ph: deudo, MHa: voluntat, Pa: amor donde volundat buena, Pe: amor donde voluntat buena, Ph *om.* e
2 Ma: ffaçen, Mi: fase, Pa, Pe: faze, Pe: vuestro 3 Ma, Mi, MHa, Pa, Pe, Ph: e non, Pe: pene, vostra 4 Pa: tormienta, Pe: vostra 5 Mi: syento, Mi Ph: ca non, MHa: siento commo fue, Pa: siento e non, Pe: ciento e non, Pa, Pe: cierto 6 Ma, Mi, MHa, Pa, Pe, Ph: flama, Mi: ni, Pe: nyn 7 Ma: inflama, Mi: ynflama, MHa, Pa, Ph: inflama nin vos, Pe: inflama nyn vos, Ph: uos 8 Ma, Mi, MHa: ynfima, Pa: enfreme, Pe: infirma, Ma, Pa, Pe: celeste, MHa, Ph: çelestre, Pa: carcel 9 Ma, Mi, MHa, Ph: rremedio 11 Pe: cogno, Ph: conozco 12 Ma, Mi, MHa, Ph: deseo, Ma, MHa: uida, Pe: consumir 13 Ma, Ph: asi, Mi: asy, Pe: assy, Mi, MHa, Pa, Pe: seruiendo, MHa: deria 14 MHa *om.* de la, Pa: alliuio

XVII

Non en palabras los animos gentiles
non en menazas nin semblantes fieros
se muestran altos fuertes e viriles
brauos audaçes duros temederos

sean los actos non punto çiuiles
mas virtuosos e de caualleros
e dexemos las armas femeniles
abominables a todos guerreros

Si los sçipiones e deçios lidiaron
por el bien de la patria çiertamente
non es en dubda maguer que callaron

o si metello se mostro valiente
pues loaremos los que bien obraron
e dexaremos el fablar nuziente

1 Pa: los antigos gentiles, Pe: los amigos gentiles 2 Ma: menacas, Mi: menasas, Pa, Pe,
Ph: amenazas, Mi: ni en senblantes, Pa: nin en semblantes, Pe: nyn en semblantes, Ph:
nin en senblantes 3 Ma *om.* e, virriles, Mi: veriles, Ph: ueriles, Pa: muestraron, Pe:
muestron 4 Ma: brabos, Ma, Pe: audaces, Mi: temedores 5 Ma: auctos, Ma, Mi, MHa,
Ph: çeuiles, Pa: ciuiles, Pe: ceuiles 6 Ma: o de, Mi: vyrtuosos, MHa: vertuosos 7 Mi,
MHa, Pe, Ph: feminiles 8 Ma: guereros, abhominables, MHa: abominabres, Pe:
habominables 9 Mi: asy los, MHa, Ph: çipiones, Pa: scipiones, Pe: cipiones, Pa, Pe:
decios 10 Ma, Pa, Pe: ciertamente 11 Mi, MHa, Pa, Pe, Ph: que fablaron, Pa, Pe, Ph
om. en, Pa: duda 12 Ma, Pe, Ph: metelo, MHa: mello, Ma: mostro mas baliente, Mi, Pe:
sy, Pa: muestro 14 Ma: nuçiente, Mi: nusiente, Pa, Pe: noziente, Mi: o dexaremos, Pe:
deixaremos

XVIII

Oyd que dire de ti triste emisperio
o patria mia ca veo del todo
yr todas cosas vltra el recto modo
donde se espera immenso lazerio

tu gloria e laude torno vituperio
e la tu clara fama en escureza

por çierto España muerta es tu nobleza
e tus loores tornado haçerio

Do es la fe do es la caridad
do la esperança ca por çierto avsentes
son de las tus regiones e partidas

do es justiçia temperança egualdad
prudençia e fortaleza son presentes
por çierto non que lexos son fuydas

1 Ma: oy, MHa: di 2 Ma: que ueo, MHa: cavto 3 Ma: todas las cosas, Ma, MHa: rrecto 4
Ma: onde, Ma, MHa: inmenso, MHa: s'aspera, Ma: laçerio, MHa: laserio 5 MHa:
vitoperio 6 MHa: ascuresa 7 MHa: noblesa 8 Ma: tornados, MHa: buhores, huçerio 9
Ma: ffe, MHa: fee 10 Ma: abssentes, MHa: absentes 11 Ma, MHa: rregiones 12 Ma:
tenplança, MHa: ygualdad 13 Ma: prudençio, MHa: fortalesa 14 Ma: fuidas, MHa om.
lexos, foydas

XIX

Lexos de vos e çerca de cuydado
pobre de gozo e rico de tristeza
fallido de reposo e abastado
de mortal pena congoxa e graueza

desnudo de esperança e abrigado
de immensa cuyta e visto aspereza
la vida me fuye mal mi grado
muerte me persigue sin pereza

Nin son bastantes a satisfazer
la sed ardiente de mi grand desseo
tajo al presente nin me socorrer

la enferma Guadiana nin lo creo
solo Guadalquiuir tiene poder
de me guarir e solo aquel desseo

1 Ma: cerca, MHa: uos 2 MHa: rrico 3 MHa: rreposo 4 Ma: congoja, MHa: congoxo 6
Ma: inmensa, MHa: ynmensa cuyda, asperesa 8 MHa: e muerte, peresa 10 Ma: gran,
MHa: deseo 13 MHa: solo es betis quien 14 MHa: deseo

XX

Doradas ondas del famoso rio
que baña en torno la noble çibdad
do es aquella cuyo mas que mio
soy e possee la mi voluntad

pues qu'en el vuestro lago e poderio
es la mi varca veloçe cuytad
con todas fuerças e curso radio
e presentadme a la su beldad

Non vos impida dubda nin temor
de daño mio ca yo non lo espero
y si viniere venga toda suerte

e si muriere muera por su amor
murio leandro en el mar por hero
partido es dulçe al afflicto muerte

1 Ma, MHa: rrio, MHa: fondas 2 Ma: çiubdad, MHa: vana 4 MHa *om.* e, posee 6 Ma: barca, cuidad 7 Ma, MHa: rradio 9 Ma: enpida duda, MHa: ynpida 10 Ma: no 11 Ma: benga, MHa: sy, veniere 12 Ma: y 13 Ma: ero, MHa: morio 14 Ma: aflicto, MHa: aflito

XXI

En el prospero tiempo las serenas
plañen e lloran reçelando el mal
en el aduerso ledas cantilenas
cantan e atienden el buen temporal

mas que sera de mi que las mis penas
cuytas trabajos e langor mortal
jamas alternan nin son punto ajenas
sea destino o curso fatal

Mas enprentadas el animo mio
las tiene commo piedra la figura
fixas estables sin algun reposo

el cuerdo acuerda mas non el sandio

la muerte veo e non me do cura
tal es la llaga del dardo amoroso

1 Ma: tienpo 2 Ma: rresçelando 4 Ma: tenporal 6 Ma: cuitas 7 Ma: aternan, agenas 8 Ma:
ser 9 Ma: enplentadas 10 Ma: como 11 Ma: algut rreposo

XXII

Non es a nos de limitar el año
el mes nin la semana nin el dia
la hora el punto sea tal engaño
lexos de nos e fuyga toda via

quando menos dubdamos nuestro daño
la grand baylessa de nuestra baylia
corta la tella del humanal paño
non suenan trompas nin nos desafia

Pues non siruamos a quien non deuemos
nin es seruida con mill seruidores
naturaleza si bien lo entendemos

de poco es farta nin procura honores
Ioue se sirua e a çeres dexemos
nin piense alguno seruir dos señores

2 Ma: ni (1) 3 Ma: ora 4 Ma: fuiga 6 Ma: grant baylesa 7 Ma: corto, tela, vmanal 8 Ma:
tronpas 10 Ma: mil 12 Ma: onores 13 Ma: ceres 14 Ma: ni

XXIII

Traen los caçadores al marfil
a padesçer la muerte enamorado
con vulto e con aspecto feminil
claro e fermoso compuesto e ornado

pues si el ingenio humano es mas sotil
que otro alguno sere yo culpado
si morire por vos dona gentil

non digo a fortiori mas de grado

Seran algunos si me culparan
que nunca vieron la vuestra figura
angelico viso e forma exçelente

nin sintieron amor nin amaran
nin los poderes de la fermosura
e mando vniuersal en toda gente

1 Ma: cazadores 2 Ma: padezer 4 Ma: conpuesto 5 Ma: vmano 7 Ma: doña 8 Ma: no, forciori 14 Ma: vniversal

XXIV

Si el pelo por ventura voy trocando
non el animo mio nin se crea
nin puede ser nin sera fasta quando
integralmente muerte me possea

yo me vos di e non punto dudando
vos me prendistes e soy vuestra prea
absoluto es a mi vuestro grand mando
quando vos veo o que non vos vea

Bien mereçedes vos ser mucho amada
mas yo non penas por vos ser leal
quantas padesco desde la jornada

que me feristes de golpe mortal
sed el oliua pues fuestes la espada
sed el bien mio pues fuestes mi mal

1 Ma: sy 2 Ma: myo 4 Ma: yntregalmente, posea 5 Ma: dubdando 6 Ma: prendites 7 Ma: gran 8 Ma: uea 11 Ma: padezco 13 Ma: fustes 14 Ma: fustes

XXV

Alegrome de ver aquella tierra
non menos la çibdad e la morada
sean planiçies o campos o sierra
donde vos vi yo la primer jornada

mas luego bueluo e aquesto m'atierra
pensando quanto es infortunada
mi triste vida porque la mi guerra
non fue de passo mas es de morada

Fue visto bello o lid tan mortal
do non se viessen pazes o suffrençia
nin aduersario tanto capital

que non fuesse pungido de conçiençia
si non vos sola sin par nin egual
do yo non fallo punto de clemençia

1 Ma: uer 2 Ma: ciubdad 3 Ma: canpos 4 Ma: primera 5 Ma: buelbo 8 Ma: paso 9 Ma: ffue, vello 10 Ma: viesen paçes, sufrençia 11 Ma: adversario 12 Ma: fuese 13 Ma: ygual

XXVI

Non de otra guisa el indico serpiente
teme la encantacion de los egipçios
que vos temedes señora exçellente
qualquiera relaçion de mis seruiçios

porque sabedes presente o absente
mis pensamientos e mis exerçiçios
son loarvos e amarvos solamente
pospuesta cura de todos offiçios

Oydme agora despues condenadme
si non me fallardes mas leal
que los leales e si tal sacadme

de tan grand pena e sentid mi mal
e si lo denegades acabadme

peor es guerra que non lid campal

2 Ma: encantaçion 3 Ma: exçelente 4 Ma: rrelaçion 5 Ma: pr(e)sente 6 Ma: pensamientos o
mis 8 Ma: pues puesta, ofiçios 9 Ma: condepnadme 12 Ma: grant 14 Ma: canpal

XXVII

Si la vida biuiesse de noe
e si de la vejez todas señales
concurriesen en mi non çessare
de vos seruir leal mas que leales

ca partirme de vos o de la fe
ambas dos cosas judgo ser yguales
por vuestro biuo por vuestro morre
vuestro soy todo e mios mis males

La saturnina pereza acabado
hauria su curso tardinoso
o las dos partes de la su jornada

desque vos amo e si soy amado
vos lo sabedes despues el reposo
de mi triste yazija congoxada

1 Ma: uida viuiese 3 Ma: concuriesen, çesare 6 Ma: anbas, iguales 9 Ma: satonprina
pereça 10 Ma: abria 13 Ma: rreposo 14 Ma: yaçija

XXVII

Aventan que esforçaua thimoteo
a los estrenuos e magnos varones
e los mouia con viril desseo
con agros sones e fieras cançiones

a la batalla e del mesmo leo
los retornaua con modulaçiones
e dulçe carmen d'aquel tal meneo
e reposaua los sus coraçones

Assi el animo mio se altiueçe
se jacta e loa porque vos amo
quando yo veo tanta fermosura

mas luego prompto e presto s'entristeçe
e se maldize porque lo assayo
vista vuestra crueza quanto dura

1 Ma: cuentan 2 Ma: externuos 3 Ma: deseo 4 Ma om. con agros sones e fieras cançiones 5
Ma: leon 6 Ma: rretornaua 7 Ma: (meneo) 8 Ma: rrepesaua, corazones 9 Ma: asi, alniueçe
11 Ma: formosura 12 Ma: pronto, entristeze 13 Ma: maldize, asayo 14 Ma: crueça

XXIX

Buscan los enfermos sanctuarios
con grand desseo e sedienta cura
por luengas vias e caminos varios
temiendo el manto de la sepoltura

Son si pensades menores contrarios
los venereos fuegos sin mensura
nin los mis males menos aduersarios
que la tisera d'antropos escura

Pues quien podria o puede quietar
mis graues cuytas mis penas mis males
sean por partes o siquiera en gros

nin esculapio podria curar
los mis langores tantos e tales
nin otro alguno si non dios e vos

1 Ma: santuarios 2 Ma: grant deseo o sedienta 4 Ma: d'esa sepoltura 6 Ma: mesura 7 Ma:
adversarios 10 Ma: mis grandes cuitas 13 Ma: tantos son e tales

XXX

Vencio anibal al conflicto de canas
e non dubdaua liuio si quisiera
qu'en pocos dias o pocas semanas
a rroma con ytalia posseyera

por çierto al vniuerso la manera
plugo e se goza en grand cantidad
de vuestra tan bien fecha libertad
onde la astrea dominar espera

La graçia leemos sea dada
a muchos e a pocos la perseuerançia
    pues de los raros sed vos rrey prudente

e non vos canse tan viril jornada
mas conseguidla toliendo tardança
quanto es loable bueno e diligente

1 Ma: vençio, conflito 2 Ma: libio 4 Ma: italia poseyera 6 Ma: grant 10 Ma: perseverançia
11 Ma: rraros 13 Ma: tolliendo

XXXI

Forço la fortaleza de golias
con los tres nombres juntos con el nombre
del que se quiso por nos fazer hombre
e de infinito mortal e mexias

el pastor cuyo carmen todos dias
la santa esposa non çessa cantando
e durara tan lexos fasta quando
sera victoria e enoch e a helias

Pues vos los rreyes los emperadores
quantos el santo crisma resçebistes
sentides por ventura los clamores

que de bisançio por letras oystes
enxiemplo sea a tantos señores

las gestas de sion si las leystes

2 Ma: nonbres, nonbre 3 Ma: onbre 4 Ma: infenito 9 Ma: enperadores 10 Ma: rresçebistes
12 Ma: visançio 13 Ma: enxenplo

XXXII

Rroma en el mundo e vos en españa
soys solas çibdades çiertamente
fermosa yspalis sola por fazaña
corona de betica exçelente

noble por hedifiçios non me engaña
vana apparençia mas judgo patente
vuestra grand fama aun non ser tamaña
quan loable soys a quien lo siente

En vos concurre venerable clero
sacras reliquias sanctas religiones
el braço militante cauallero

claras estirpes diuersas nasçiones
fustas sin cuento hercules primero
yspan e julio son vuestros patrones

2 Ma: çiubdades 3 Ma: formosa 4 Ma: corona detica exçelente 5 Ma: edeficios no 6 Ma:
bana aparençia 7 Ma: grant, avn no 8 Ma: quanto loable 10 Ma: rreliquias santas
rreligiones 11 Ma: brazo 12 Ma: stirpes, naçiones 13 Ma: fuestas 14 Ma: hispan

XXXIII

Porqu'el largo beuir nos es negado
inclito rrey tales obras fazed
que vuestro nombre sea memorado
amad la fama e aquella temed

con vulto alegre manso e reposado
oyd a todos librad e proued
fazed que ayades las gentes en grado

ca ninguno domina sin merçed

Commo quiera que sea comendemos
estos dos actos vuestros por derecho
pues qu'el prinçipio es çierto e sabemos

en todas cosas ser lo mas del fecho
e reffiriendo graçias vos amemos
qu'es a los rreyes glorioso pecho

2 Ma: ynclito, façed 3 Ma: nonbre 5 Ma: rreposado 8 Ma: mereçer 9 Ma: como 11 Ma: y 13 Ma: rreffiriendo gracias 14 Ma: qu'es de los

XXXIV

Clara por nombre por obra e virtud
luna de assis fija d'ortulana
de santas donas enxiemplo e salud
entre las bendas vna e soberana

prinçipio de alto bien e juuentud
perseuerante e fuente do mana
pobreza humilde e closo alamud
del seraphico sol muy digna hermana

Tu virgen triunphas del triumpho triumphante
e glorioso premio de la palma
assi non yerra quien de ti se ampara

e te cuenta del cuento dominante
de los santos o santa sacra e alma
pues ora pro me beata Clara

1 Ma: nonbre, MHa: clara por lumbre 2 MHa: asys 3 Ma: enxenplo 5 MHa: juventud 7 Ma, MHa: vmilde 8 Ma, MHa: mui, MHa: serafico 9 MHa: trivnfas, Ma, MHa: triunpho triunfante 11 Ma: hierra, anpara, asi, MHa: asy, ty

XXXV

Del çelestial exerçito patron

e del segundo choro mas preçioso
de los angeles malos dampnaçion
miguel arcangel duque glorioso

muy digno alferez del sacro pedon
inuencible cruzado victorioso
tu debellaste al cruel dragon
en virtud del excelso poderoso

Por todos estos premios te honoramos
e veneramos prinçipe excellente
e por ellos mesmos te rogamos

que ruegues al señor omnipotente
nos dignifique por que posseamos
la gloria a todas glorias preçedente

1 Ma: exerlito 3 Ma: dapnaçion 5 Ma: pendon, Ma: mui, de sacro 6 Ma: ynuenzible 9 Ma:
onoramos 10 Ma: exçellente 11 Ma: rrogamos 12 Ma: rruegues, señor omny potente 13
Ma: pozeamos 14 Ma: precedente

XXXVI

Virginal templo do el verbo diuino
vistio la forma de humanal librea
a quien anela todo amor benigno
a quien contempla commo a santa ydea

sy de fablar de ti yo non soy digno
la graçia del tu fijo me prouea
indocto soy e lasso peregrino
pero mi lengua loarte dessea

Fablaron por ventura johan e johan
jacobo pedro tan grand theolugia
nin el asna podiera de balam

sin graçia suya fablar nin sabia
pues el que puede fable sin affan
tus alabanças en la lengua mia

1 Ma: tenplo, uerbo 2 Ma: umanal 4 Ma: contenpla como 5 Ma: si 7 Ma: yndocto, pelegrino 8 Ma: my, desea 9 Ma: ffablaron 10 Ma: grant theologia 11 Ma: pudiera, balan 13 Ma: afan

XXXVII

Adiuinatiuos fueron los varones
de galilea quando los dexo
nuestro maestro mas sus corazones
non se turbaron punto nas que yo

por mi sabidas vuestras estaçiones
vuestro camino el qual me mato
e asi non causan las mis afliciones
avnque si vuestro era vuestro so

ffaçed agora como comedida
non me matedes mostrad piadosa
façed agora como fizo dios

e consoladme con vuestra venida
cierto faredes obra virtuosa
si me valedes con vuestro socos

XXXVIII

Leño filece qu'el grant poderio
que todo el mundo no pudo ajubar
en cuyo pomo yua el señorio
de zielos tierras arenas e mar

sin altercaçion e sin desuio
mas legra e gratamente sin dubdar
en el tu cuello le pasaste el rrio
que non sin causa se deuio negar

jaian entre los santos admirable
por fuerça insigne e grant estatura
de quien yo fago comemoraçion

faz por tus rruegos por el espantable
passo yo pase en naue segura
libre del golfo de la dapnaçion

XXXIX

Anima deuota que en el signo
e santo nonbre estas contenplando
e los sus rrayos con viso aquilino
solares miras fixo non vagando

seras perfecto e disçipulo digno
del pobre seraphico guardando
el orden suyo ganaste el deuino
lugar eterno do biuis triunfhando

Ningunas dignidades corronpieron
el fuerte muro de tu santidad
sabenlo zena ferrara e orbino

nin las sus rricas mitras comovieron
las tus ynopias nin tu pobredad
por mi te rruego rruegues bernaldino

XL

Si anima alguna tu sacas de pena
por el festiual don es oy la mia
pescador santo vno de la zena
de la deuinal mesa e conpañia

tu conuertiste la flama egeheña
en la qual grandes tienpos ha que ardia
en mansa calma tranquila e serena
e mi graue langor en alegria

pues me trayste señor donde vea
Aquella que en ninez me conquisto
a quien adoro siruo e me guerea

e las mis fuerças del todo sobro
a quien deseo e non me desea
a quien me mata avnque suyo so

XLI

De si mesma comiença la ordenada
caridad e asi vos terçio calixto
aquella santidad bien meritada
por fray viçente discipulo de xripsto

quesistes que fuese confirmada
por consistorio segunt vos fue visto
gozose españa con esta jornada
que a dios fue grato e al mundo bien quisto

Mas inploramos a vuestra clemençia
si seran dignas nuestras santas preçes
non se rrecusen mas danos segundo

canonizado por vulgar sentençia
al confesor ynsignio villatreçes
mui gloriosa fue su vida al mundo

XLII

De la superna corte curial
e sacro soçio de la gerarchia
que de la diua morada eternal
fuste enbiado por custodia mia

graçias te fago mi guarda espiçial
ca me guardaste fasta en este dia
de las insidias de vniuersal
nuestro aduersario e fuste mi guia

e asi te rruego angel ayas cura
del curso de mi vida e breuiedad
e con diligençia te apresura

ca mucho es debil mi fragilidad
onesta vida e muerte me procura
e al fin con los justos santidad

Epígrafes

En este primero soneto[1] quiere mostrar el actor[2] quando[3] los cuerpos superiores que son las estrellas[4] se acuerdan[5] con la natura que son las cosas baxas fasen[6] la cosa muy mas linpia[7] e muy mas neta

1 Pa: aqui comiençan los sonetos en este primero, Pe: aci comiençan los sonetos en este primero, Ph: comiençan los sonetos en este primero 2 Pa, Pe: auctor 3 Ph: autor que quando 4 Pa: strellas 5 Pe: acordan 6 Pa, Pe, Ph: fazen 7 Pa, Pe: limpia

Ma: Comiençan ciertos sonetos qu'el marques de Santillana fizo
soneto del marques

En este segundo soneto el actor fabla commo en nonbre de la señora rreyna de Castilla la qual por quanto quando el ynfante don Pedro murio el qual era su hermano el señor rrey su marido non estaua bien con sus primos conviene a saber el rrey de Aragon el rrey de Nauarra los ynfantes sus hermanos non enbargante la triste nueua de la muerte del ya dicho señor ynfante don Pedro le llegase non osaua asy mostrar enojo por non desconplaser al señor rrey su marido e aqui toca ella vna estoria antigua de nuestro rreyno conviene a saber del rrey don Sancho que murio sobre Camora e doña V(rraca) Fernandes la qual por quanto es muy comun a todas gentes mayormente a los rreynos comarcanos dexolo de tocar

Pa: El segundo[1] soneto[2] do el auctor[3] fabla en nombre[4] de la senyora[5] rreyna de Castilla la qual por quanto quando el infante don pedro morio[6] el senyor[7] rrey su marido non staua[8] bien con sus primos el rrey d'aragon e rrey[9] de Nauarra e los infantes sus hermanos e como la muerte del ya dicho infante le fuesse[10] notoria non osaua muestrar[11] enojo por no[12] desplazer al senyor[13] rrey su marido aqui toca[14] ella vna istoria antiga[15] del rrey don Sanxo[16] que morio e[17] de[18] dona[19] Vrraca ferrandez[20] su hermana

1 Pe: segundo 2 Ph: en este segundo 3 Ph: autor 4 Ph: nonble 5 Ph: señora 6 Ph: pedro su hermano murio 7 Ph: señor 8 Ph: estaua 9 Ph: e el rrey 10 Ph: fuese 11 Ph: mostrar 12 Pe, Ph: non 13 Ph: señor 14 Pe: tocha 15 Ph: antigua 16 Ph: sancho 17 Pe om. e 18 Ph: morio sobre çamora e de 19 Ph: doña 20 Pe: vraca ferrandes, Ph: vrraca fernando

Ma: Soneto del marques e la señora rreyna doña maria por la muerte del inffante don pedro

En este terçero[1] soneto el actor[2] muestra commo[3] en[4] vn dia de vna

fiesta[5] vio[6] a su señora[7] asy[8] en punto e tan bien guarnida[9] que de[10] todo
punto le rrefresco[11] la primera ferida de amor

1 Ph: tercio 2 Pa: el tercero soneto qu'el auctor, Pe: el tercero soneto que el auctor 3 Pa,
Pe: como 4 Pa, Pe, Ph *om*. en 5 Pa, Pe: la fiesta 6 Ph: uio 7 Pa, Pe: senyora 8 Pa: assi,
Pe: assy, Ph: asi 9 Pe: garnida 10 Pa, Pe *om*. de 11 Pa, Pe, Ph: refresco

Ma: Soneto del marques

En este quarto sonecto[1] el actor[2] muestra e da a[3] entender commo[4] el es[5]
sygnado de amor[6] por tal manera e con tantos perpetrechos[7] que el non
sabe que faga[8] de sy[9] e muestra asymismo[10] que pues Dauid ni[11]
Ercoles[12] non se podieron defensar[13] asi[14] por sçiençia[15] commo por
armas[16] que non es posible[17] a el[18] de lo faser[19]

1 Pa, Pe, Ph: soneto 2 Pa, Pe: auctor, Ph: autor 3 Pa, Pe *om*. a 4 Pa, Pe: como 5 Pa, Pe
om. es 6 Pa, Pe, Ph: sitiado de amor 7 Pa, Pe *om*. e con tantos perpetrechos, Ph:
pertrechos 8 Pa, Pe: que fazer 9 Pa, Pe *om*. de sy, Ph: si 10 Pa: assi mesmo, Pe: assy
mesmo, Ph: asi mismo 11 Ph: nin 12 Pa, Pe: pues que dariso e hercules, Ph: ercules 13
Pa, Ph: defender, Pe: deffender 14 Pa, Pe *om*. asi 15 Ph: çiença 16 Pa: sciencias e armas,
Pe: sciencias e armes 17 Pa, Pe: possible 18 Pe: ell 19 Pa, Pe, Ph: fazer

Ma: Otro soneto del marques

En este quinto sonecto[1] el actor[2] fabla en nonbre[3] del ynfante[4] don
Enrrique[5] e muestra[6] commo[7] se quexa por la muerte de la señora[8]
ynfante[9] su muger e dise[10] que non solamente[11] el[12] çielo[13] e perdurable
gloria lo quisyera conseguir[14] donde el se cuyda e a por[15] dicho ella
yua[16] segun[17] la vida[18] e obras suyas el ynfierno[19] e maligno çentro[20] sy[21]
por ventura[22] dado le fuese[23] ferirse el[24] mesmo e darse a[25] la muerte por
golpe[26] de fierro o en otra qualquiera[27] manera

1 Pa, Pe, Ph: soneto 2 Pa, Pe: auctor, Ph: autor 3 Pa, Pe *om*. en nonbre 4 Pa, Pe: del
senyor infante, Ph: del señor infante 5 Pa, Pe: anrique 6 Pa *om*. e muestra, Pe: mostra 7
Pa, Pe: como 8 Pa, Pe: senyora 9 Pa, Pe, Ph: infanta 10 Pa, Pe, Ph: dize 11 Ph: solament
12 Pa, Pe, Ph: al 13 Pa, Pe: cielo 14 Pa, Pe, Ph: la querria conseguir 15 Pa, Pe, Ph: ha
por 16 Pa: yra 17 Pa, Pe: segund 18 Ph: uida 19 Pa: suyas mas ahun al infierno, Pe: suyas
mas avn al inferno, Ph: suyas mas aun al infierno 20 Pe, Ph: centro 21 Pa, Pe, Ph: si 22
Pa, Pe, Ph *om*. por ventura 23 Pa, Pe: fuesse 24 Pa: ferir el 25 Pa, Pe, Ph *om*. a 26 Pa,
Pe, Ph *om*. por golpe 27 Pa, Pe, Ph *om*. qualquiera

Ma: Soneto del marques al ynfante don enrrique quando murio la in(f)ant(a) doña
Catalina su muger

En *e*ste sesto sonecto[1] el actor[2] dise[3] q*ue* el agua[4] fase[5] señal[6] en la piedra e ha visto pazes despues de grand[7] guerra e q*ue* el bien[8] ni[9] el[10] mal no*n* dura[11] mas q*ue*[12] su trabajo[13] e[14] nu*n*ca çesa[15] e dise[16] asymesmo[17] q*ue* sy[18] su señoria[19] le q*u*i*e*re desir[20] q*ue* ella no*n* le ha culpa en *e*l trabajo[21] q*ue* pasa[22] q*ue* que[23] fara el a la ordena*n*ça[24] de arriba conuiene[25] a saber de los fados a los q*u*a*l*es ni*n*guno de los mortales puede fase*r*[26] rresystençia[27] ni contradesir[28]

1 Pa, Pe: el sexto soneto, Ph: soneto 2 Ph: autor 3. Pa, Pe: auctor fabla e dize, Ph: dize 4 Pa, Pe: l'agua 5 Pa: faze 6 Pe: faze lo senyal, Ph: faze la señal, Pa: senyal 7 Ph: gran 8 Pa: e que haue visto despues de gran guerra gran paç e qu'el bien, Pe: e que ave visto despues de grand guerra grand paz e qu'el bien 9 Pa, Ph: nin, Pe: ny 10 Pa, Pe *om.* el 11 Ph: turan 12 Pa, Pe: mal duran mas que 13 Pa: trabaio, Pe: trebaio 14 Pa, Pe, Ph *om.* e 15 Pa, Pe: cessa 16 Pa, Pe, Ph: dize 17 Pa: assi mesmo, Pe: assy mesmo, Ph: asi mismo 18 Pa, Pe, Ph: si 19 Pa: senyorya, Pe: senyora, Ph: señora 20 Pa: quiere que dezir, Pe: quere que dezir, Ph: dezir 21 Pa, Pe: trabaio 22 Pa, Pe: passa 23 Pa, Pe *om.* que 24 Pe: l'ordenança 25 Ph: conuien 26 Pa, Pe: mortales non pueden fazer, Ph: mortales non puede fazer 27 Pa, Pe: resistencia, Ph: registençia 28 Pa, Pe *om.* ni contradesir, Ph: nin contradezir

Ma: Otro soneto del marques

En *e*ste q*u*a*n*to[1] setimo[2] sonecto[3] el actor[4] muestra com*m*o[5] el no*n* avia[6] osar[7] de mostrar[8] a su señoria[9] el amor q*ue* le[10] auia[11] ni[12] la lengua suya era despierta a *g*elo desir[13] por[14] tanto *g*elo escr*i*uia[15] segund[16] q*ue* Fedra[17] fiso[18] a Ypolito[19] su annado[20] segund[21] q*ue*[22] Ouidio lo muestra en *e*l libro de la[23] Epystolas[24]

1 Pa, Pe, Ph *om.* quanto 2 Pa Pe: septimo 3 Pa, Pe, Ph: soneto 4 Pa, Ph: autor, Pe: auctor 5 Pa, Pe: como, Ph: en commo 6 Pa, Pe: hauia, Ph: auia 7 Pe: ozat 8 Pa: muestrar 9 Pa, Pe: senyora, Ph: señora 10 Pe *om.* le 11 Pa, Pe: hauia 12 Pa, Ph: nin, Pe: nyn 13 Pa, Pe: se lo dezir 14 Ph: dezir e por 15 Pa: se lo scriuia, Pe: se lo escriuia 16 Ph: segun 17 Ph: febra 18 Pa, Pe, Ph: fizo 19 Pa, Pe: al ypolito 20 Pa, Pe, Ph: su marido 21 Ph: segun 22 Pa, Pe, Ph *om.* que 23 Pa, Pe, Ph: las 24 Pa, Pe, Ph: epistolas

Ma: Otro soneto del marques

En *e*st*e* q*u*a*n*to[1] otauo[2] soneto[3] muestra el actor en com*m*o no*n* enba*r*gant*e*[4] su señora[5] o amiga lo oviese[6] ferido e catiuado[7] q*ue* a el[8] no*n* pensaua[9] de la tal presyon[10]

1 Pa, Pe, Ph *om.* quanto 2 Pa, Pe: octauo 3 Pa, Pe, Ph: soneto 4 Pa: auctor que non embargante, Pe: auctor que non enbargante, Ph: autor que non enbargante 5 Pa, Pe:

senyora 6 Pa, Pe: houiesse, Ph: ouiese 7 Pa, Pe, Ph: ferido o captiuado 8 Pe: ell 9 Pa, Pe, Ph: pesaua 10 Pa, Pe: prision, Ph: presion

Ma: Otro soneto del marques

En este quanto[1] noueno sonecto[2] el actor[3] (muestra) commo[4] en[5] vn dia[6] de grand[7] fiesta vy[8] y[9] (a la) señora[10] suya en cabello dise[11] ser los c(abellos) suyos muy rruuios[12] e de la color de la tu(paça)[13] que es vna piedra que ha la[14] color commo[15] (de oro) ally do dise[16] filos[17] de Arabia muestra (asy) mismo[18] que eran tales commo[19] filos de oro (pues) en Arabia[20] nasçe[21] el oro dise[22] asy mis(mo[23] que) los premia[24] vn[25] verdor plasiente[26] e (flores) de jazmines[27] quiso desir[28] que la crespina (suya) era de seda verde e perlas[29]

1 Pa, Pe, Ph om. quanto 2 Pa, Pe, Ph: nono soneto 3 Pa, Pe: auctor, Ph: autor 4 Pa, Pe: como 5 Pa, Pe, Ph om. en 6 Pe: hun dia 7 Pa, Pe: de vna grand, Ph: de vna gran 8 Pa, Pe, Ph: vio 9 Pa, Pe, Ph om. y 10 Pa, Pe: senyora 11 Pa, Pe: cabellos e dize, Ph: cabello e dize 12 Pa: ruuios, Pe: rubios 13 Pa: topaza, Pe, Ph: tupaza 14 Pa, Pe om. la 15 Pa, Pe, Ph: como 16 Pa: oro e ali donde dize, Pe: horo e ally donde dize, Ph: oro e alli donde dize 17 Pa: silos 18 Pa: assi mesmo, Pe: assy mesmo, Ph: asi mismo 19 Pa, Pe: como 20 Pa: filo de oro por quanto en arabia, Pe: fil de oro por quanto en arabia, Ph: oro por quanto en arabia 21 Pa, Pe: nasce 22 Pa, Pe, Ph: dize 23 Pa: assi mesmo, Pe: assy mesmo, Ph: asi mismo 24 Pa: los prendia, Pe: los preuia 25 Pa: vna 26 Pa, Pe, Ph: plaziente 27 Pa: jasseminos, Pe: janzeminos 28 Pa, Pe, Ph: dezir 29 Pa, Pe: seda e de verdas perlas, Ph: seda verde e de perlas

Ma: Otro soneto del marques

En este deçimo[1] soneto el actor[2] enojad(o[3] por[4]) la tardança que los de la parte suya fasian[5] (de a)cometer[6] a la otra en estos delictos[7] de Castill(a) dise[8] que[9] fiera Castino[10] con la lança aguda (en) la otra parte porque mueua las gentes a bata(lla) en este[11] Castino[12] fue aquel[13] que primeramente[14] f(irio)[15] en las gentes de Ponpeo[16] ca era el[17] de la p(arte) de[18] Çesar[19] en la batalla de Vmaçia[20]

1 Pa, Pe, Ph: decimo 2 Pa, Pe, Ph: auctor 3 Pa: enojada, Pe: enoiado 4 Pa, Pe, Ph: de 5 Pa, Pe, Ph: fazian 6 Pa, Pe, Ph: cometer 7 Pa, Pe: estes combates, Ph: estos conbates 8 Ph: dize 9 Pa: casa alla do dize que, Pe: caza alla do dize que 10 Pa: castimo, Pe: castuno 11 Pa, Pe, Ph: batalla e este 12 Pa: catino 13 Pa: aquell 14 Ph: primerament 15 Pa: ferio 16 Pa, Pe: pompeo 17 Pa, Pe, Ph om. el 18 Ph: del 19 Pa: cesar, Pe: cezar 20 Pa, Pe: vmacia

Ma: Soneto del marques porque le parescia dilatarse algunos fechos que andaua en este rreyno en espeçial por la parte suya

En este onseno soneto[1] el actor[2] se quexa (de) su mesma[3] lengua e ynquietal rre(d)arguyenla[4] por quanto a[5] ella plase[6] (que) el[7] muera asy[8] callando e[9] dise[10] que non (l)e paresçe[11] sea[12] grand[13] sçiençia[14] lo tal[15]

1 Pa, Pe, Ph: vndecimo 2 Pa, Pe: auctor, Ph: autor 3 Ph: misma 4 Pa, Pe: inquieta e redarguela, Ph: inquietala e redarguyela 5 Pe om. a 6 Pa, Ph: plaze 7 Pa, Pe: ell 8 Pa, Pe: assi, Ph: asi 9 Pa, Pe om. e 10 Pa, Pe, Ph: dize 11 Pa, Pe: paresca, Ph: paresce 12 Pa, Pe om. sea 13 Pa, Pe, Ph: gran 14 Pa, Pe: sciencia, Ph: çiençia 15 Pa: local

Ma: Otro soneto del marques

En este duodeçimo[1] sonecto[2] el actor[3] muestra[4] commo[5] la señora[6] suya es asy[7] gentil fermosa[8] que deue ser çimera[9] e tenbre de amor[10] e que non[11] es menos cruda[12] e diestra

1 Pa, Pe, Ph: duodecimo 2 Pa, Pe, Ph: soneto 3 Pa, Pe: auctor, Ph: autor 4 Pa, Pe: cuenta 5 Pa, Pe: como 6 Pa, Pe: senyora 7 Pa: assi, Pe: assy, Ph: asi 8 Pa, Pe, Ph: gentil e fermosa 9 Pa: cimera, Pe: simera 10 Pa: tiemplo de amor, Pe: timple de amor, Ph: tinble de amor 11 Pa, Pe: no 12 Pa, Ph: cuerda, Pe: cuenda

Ma: Otro soneto del marques

En este tresesimo[1] sonecto[2] el acto[3] llora[4] e plañe[5] por quanto se cuyda que segund[6] los grandes fechos e[7] gloriosa fama del rrey de Aragon[8] non ay[9] oy[10] poeta alguno estorial[11] ni[12] orador que[13] d'ellos fable

1 Pa, Pe: este decimo tercio, Ph: este decimo terçio 2 Pa, Pe, Ph: soneto 3 Pa, Pe: auctor, Ph: autor 4 Pa: lora 5 Pa: planye, Pe: planne, Ph: plane 6 Ph: segun 7 Pe om. e 8 Pa, Pe: d'aragon 9 Pa, Pe: hay 10 Pa, Pe: hoy 11 Pa, Pe, Ph: istorial 12 Pe: ny, Ph: nin 13 Pe: qui

Ma: Otro soneto qu'el marques fizo en loor del señor rrey de aragon quexandose porque los coronistas non escriuieron d'el segund deuieron

MHa: Sonecto

En este catorzesimo sonecto[1] el actor[2] muestra quando[3] el es delante[4] aquella[5] su señora[6] le paresçe[7] que es el monte Tabor[8] en el qual

N*uest*ro[9] Señor[10] aparesçio[11] a los tr*e*s discipulos[12] suyos e por q*ua*nto la estoria[13] es muy vulga*r* no*n* cure de[14] la escr*i*uir[15]

1 Pa, Pe, Ph: este decimo quarto soneto 2 Pa, Pe: auctor, Ph: autor 3 Pa, Pe, Ph: muestra que quando 4 Ph: delant 5 Pa, Pe: delante de aquella 6 Pa, Pe: senyora 7 Pa: pareçe, Pe, Ph: paresce 8 Pa, Pe, Ph: es en el monte de tabor 9 Pe: nostro 10 Pa, Pe: senyor 11 Pa, Ph: aparescio, Pe: aparecio 12 Pa: disciplos, Pe: desciplos, Ph: dicipulos 13 Pa: ystoria, Pe, Ph: istoria 14 Pa, Pe: non quiere de 15 Pa: scriuir, Ph: escreuir

Ma: Otro soneto del marques

MHa: Soneto

En *e*ste q*ui*nsesimo[1] sonecto[2] el actor[3] se q*ue*xa de la tardança q*ue* la parte suya fasia[4] en los debates de Castilla e muestra asy mesmo[5] se[6] deua*n*[7] gua*r*dar de los engaños[8] tocando com*m*o[9] por[10] enxenplo[11] d'esto[12] vna estoria[13] del Vyrgilio[14]

1 Pa, Pe: este decimo quinto, Ph: este deçimo quinto 2 Pa, Pe, Ph: soneto 3 Pa, Pe: auctor, Ph: autor 4 Pa, Pe, Ph: fazia 5 Pa: assi mesmo, Pe: assy mesmo, Ph: asi mismo 6 Pa: mesmo como se 7 Pa, Pe: deuen 8 Pa: enganyos, Pe: angannos 9 Pa *om.* commo, Pe: como 10 Pe, Ph *om.* por 11 Pa, Pe: exemplo 12 Pa *om.* d'esto 13 Pe: exemplo de vna istoria, Ph: exenplo de vna istoria, Pa: istoria 14 Pa, Pe: de virgilio, Ph: de uirgilio

Ma: Otro soneto (...) por la mesma tardanza

MHa: Sonecto

En *e*ste diez e seseno[1] sonecto[2] e(l actor)[3] fabla q*ue*xandose[4] del trabajo[5] q*ue* a[6] (vn a)migo[7] suyo por amor le veya (pasar)[8] e[9] consejale los[10] rremedios[11] q*ue* en tal (caso) le paresçen[12] se deua*n*[13] toma*r*

1 Pa: este XVI soneto, Pe: este decimo sexto, Ph: este decimo sesto 2 Pa, Ph: soneto, Pe *om.* sonecto 3 Pa, Pe: auctor, Ph: autor 4 Pa: quexando 5 Pa: trabaio, Pe: traball 6 Pa *om.* a 7 Pe: hun amigo, Ph: un amigo 8 Pa, Pe: passar 9 Pa, Pe *om.* e 10 Pa: aconseia los, Pe: aconceia los 11 Pa, Pe: remedios 12 Pa, Pe: paresca, Ph: parezca 13 Pa, Pe: deuen

Ma: Otro soneto qu'el marq*ue*s fizo a rruego de vn pariente suyo el qual le paresçia que era vexado e atorme*n*tado de amor era el co*n*de de uenavente don a*lons*o

MHa: Sonecto

En *e*ste diez e setimo sonecto[1] el (actor)[2] se q*ue*xa de algunos q*ue* en *e*stos fecho(s de) Castilla fablan[3] mucho e fasian[4] po(co[5] com*m*o) en muchas pa*r*tes contesçe[6] e toca a(qui) de[7] algunos rromanos nobles onbr(es[8] que) fisieron[9] grand*e*s fechos e muestra q*u*e (non los) fasian[10] solament*e* con palabras

1 Pa: este XVII soneto, Pe, Ph: este decimo septimo soneto 2 Pa, Pe: auctor, Ph: autor 3 Pa, Pe, Ph: fablauan 4 Pa, Pe, Ph: fazian 5 Pe: pocho 6 Pa: como en muchos nobles partes contesce, Pe: como en muchos nobles partos contece, Ph: contece 7 Pa, Pe, Ph *om*. de 8 Pa, Pe: hombres, Ph: homes 9 Pa: fizieron, Pe, Ph: fezieron 10 Pa, Pe, Ph: fazian

Ma: Otro soneto q*u'*el marqu*e*s fizo A algunos que le paresçia q*u*e fablauan mucho e no*n* facia*n* acto

MHa: Sonecto

Los demás epígrafes del manuscrito Ma.

Las cifras romanas se refieren a la numeración de los sonetos en la edición crítica; los números entre paréntesis se refieren al orden en Ma.

XVIII	(29)	otro soneto q*u'*el marqu*e*s fizo q*u*exandose de los daños d'este rregno
XIX	(11)	otro soneto del marques
XX	(12)	soneto
XXI	(13)	otro soneto del marques
XXII	(30)	otro soneto del marques amonesta*n*do a los honbres a bien beuir
XXIII	(14)	otro
XXIV	(15)	otro
XXV	(16)	otro
XXVI	(17)	otro
XXVII	(18)	otro
XXVIII	(19)	otro
XXIX	(20)	otro
XXX	(31)	otro soneto qu'el Marques fizo al señor rrey don ju*an*
XXXI	(32)	otro soneto qu'el marques fizo amonestando a los grandes prinçipes a tornar sobre el daño de co*n*sta*n*tinopla
XXXII	(33)	otro soneto q*u'*el Marq(ues) fizo en loor de la ciubdad de seuilla quando el fue a ella en el año de cinq*u*enta e çinco

XXXIII	(34)	otro soneto qu'el Marques fizo al señor rrey don enrrique rreynante
XXXIV	(37)	otro soneto qu'el Marques fizo en loor de santa clara virgen
XXXV	(36)	otro soneto qu'el Marques fizo en loor de sant Miguel Arcangel a suplicaçion de la vizcondesa de torija doña Ysabel de borbon
XXXVI	(35)	otro soneto qu'el marques fizo en loor de nuestra señora
XXXVII	(21)	otro
XXXVIII	(38)	otro soneto qu'el marques fizo en loor de sant christoual
XXXIX	(39)	otro soneto qu'el marques fizo a sant bernaldino fraire de los menores
XL	(40)	otro zoneto qu'el Marques fizo a sant Andres
XLI	(41)	otro soneto qu'el marques fizo a sant viçente de la orden de los predicadores
XLII	(42)	otro soneto qu'el Marques fizo de suplicaçion al angel guardador

Los demás epígrafes de MHa:

XVIII	Sonecto
XIX	Sonecto
XX	Sonecto
XXXIV	Soneto

5. Constitución del *stemma*

La siguiente lista de lecciones diferentes y errores[1] muestra la existencia de dos bloques, uno constituido por Ma y Sd y el otro por MHa, Mi, Pa, Pe y Ph:

I, 4	Mi, Pa, Pe, Ph	tienpo
	Ma, Sd	punto
I, 6	Mi, Pa, Pe, Ph	solo
	Ma, Sd	sola
I, 7	Mi, Pa, Pe, Ph	tristeza*
	Ma, Sd	tristura
III, 8	Mi, Pa, Pe, Ph	deal
	Ma, Sd	diua
IV, 6	Mi, Pa, Pe, Ph	sobran
	Ma, Sd	sobra
IV, 8	Mi, Pa, Pe, Ph	que
	Ma, Sd	ca
V, 3	Mi, Pa, Pe, Ph	tu santo animo

	Ma, Sd	tu animo santo
VI, 6	Mi, Pa, Pe, Ph	fase mal*
	Ma, Sd	faz'el mal
VI, 10	Mi, Pa, Pe, Ph	de mi
	Ma, Sd	del mi
VIII, 12	Mi, Pa, Pe, Ph	fuelga
	Ma, Sd	fuelgo
XI, 1	Mi, Pa, Pe, Ph	con el flaco/flato*
	Ma, Sd	con afflato
XI, 3	Mi, Pa, Pe, Ph	suya
	Ma, Sd	vuestra
XI, 13	Mi, Pa, Pe, Ph	*om*. yo*
	Ma, Sd	yo
XII, 8	Mi, Pa, Pe, Ph	omero*
	Ma, Sd	ouidio
XIV, 6	Mi, MHa, Pa, Pe, Ph	aspecto e
	Ma	aspecto de
	Sd	aspecto o
XIV, 13	Mi, MHa, Pa, Pe, Ph	e su
	Ma, Sd	su
XVI, 7	MHa, Pa, Pe, Ph	inflama nin vos*
	Ma, Mi, Sd	inflama e vos
XVII, 11	MHa, Mi, Pa, Pe, Ph	fablaron*
	Ma, Sd	callaron
XXXIV, 1	Ma, Sd	clara por nombre
	MHa	clara por lumbre*

Ma, Sd

De lo que antecede, queda claro que Ma y Sd no derivan de la tradición representada por MHa, Mi, Pa, Pe y Ph.

Ninguno de los códices puede proceder de Ma por ser éste el más moderno de todos.[2] Además, hubieran impedido tal relación unas faltas exclusivas de Ma donde los demás manuscritos tienen lecciones correctas:

	Ma	los demás
II, 9	tanta	tanto
V, 6	çe	te
V, 10	truena	nueua
VI, 4	toca	troca (trueca)
IX, 4	gema de poza	gemma de topaza (d'estupaza)
X, 4	el	al
X, 5	mueue a	mueue e
XI, 3	lengua	mengua

XIV, 11	trueno	nueuo
XVII, 12	mostro mas baliente	mostro valiente

Tampoco ha sido Sd el modelo de ningún otro manuscrito, como lo indican algunas faltas en Sd donde los demás dan la lección correcta:

	Sd	los demás
V, 5	el abismo	al abismo
VII, 9	*om*. e	e
IX, 7	demostraua	mostraua
XIII, 11	humilia	v°millan (Pa, Pe: humilian)
XV, 1	vsudes	vsades
XV, 8	reparedes	rreparades (Pa, Pe: repart*ades*)
XVI, 3	*om*. e	e

Por lo tanto, los datos expuestos hasta ahora nos permiten configurar el siguiente esquema genealógico:

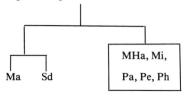

MHa, Mi, Pa, Pe, Ph

Mi, Pa, Pe, Ph.

Ya hemos visto que estos cuatro representantes de los *Sonetos* del Marqués forman una subtradición: en cada uno de ellos figuran solamente los 17 primeros sonetos con casi los mismos epígrafes; además tienen unas faltas y lecturas diferentes en común (véase antes, pp. 44-45).

En los sonetos que figuran tanto en MHa como en la subtradición representada por Mi, Pa, Pe y Ph (son los nos. XIII-XVII), hay ciertas faltas que agrupan Pa, Pe y Ph:

	Pa, Pe, Ph	MHa, Mi (Ma, Sd)
XIII, 7	mente fatigada	mente pesada
XV, 6	mueble	muelle
XVII, 2	amenazas	menazas
XVII, 2	nin en	ni en (ni'n)
XVII, 11	*om*. en	en

De estos datos se deduce que ni MHa ni Mi proceden de uno de esos tres códices.

Faltas en MHa donde los demás leen correctamente impiden que MHa sea el antecesor de Mi o del grupo representado por Pa, Pe y Ph:

	MHa	los demás
XIII, 12	en talia	y talia
XIV, 8	so deal	su deal (Mi: su de deal)
XV, 3	fablo sabio	llamo sabio
XV, 14	canticha	ca chica
XVI, 5	*om*. non	non
XVI, 13	deria	diria
XVI, 14	*om*. de la	de la

Faltas en Mi frente a buenas lecciones en los demás imposibilitan que MHa o el grupo formado por Pa, Pe, Ph deriven de Mi.

	Mi	los demás
XIII, 9	catan	cantan
XIV, 2	mandado	mando
XIV, 3	cuyo ser	cuydo ser
XIV, 13	mando	manso
XVII, 9	asy los	si los

Las conclusiones obtenidas hasta aquí dan el esquema siguiente:

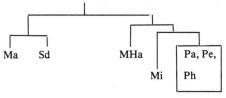

Pa, Pe, Ph

Para el estudio de las relaciones entre estos tres códices no hace falta que nos sirvamos únicamente de los sonetos nos. XIII-XVII.

Los manuscritos Pa y Pe están emparentados muy estrechamente, ya que tienen una serie de errores en común frente a buenas lecciones en los demás, Ph inclusive:

	Pa, Pe	los demás
III, 13	induyda	indeuida
IV, 2	en poder	e poder
IV, 8	*om*. que	que

IV, 10	*om*. el	el
IV, 12	tan	tanto
VIII, 3	so cuyo (Pe: cuya)	so cuya mano
	mando	mando
VIII, 13	refuye	destruye
IX, 4	resplandeciente	fulgente (Ph: luziente)
X, 5	tarda	çierta
X, 6	el es	es el
etc.		

Esta lista impide al mismo tiempo la derivación de Ph de Pa o Pe.

Pa, Pe

Errores en Pa frente a lecturas correctas en Pe imposibilitan que este manuscrito derive de aquél:

	Pa	Pe y los demás
IV, 4	genus	geno
IX, 1	es la el rayo	es el rayo
XII, 1	tiemple	timbre (Pe, Ph: tinble)
XIV, 4	*om*. se	se
XIV, 7	ya	yo

Tampoco fue copiado Pa de Pe, como lo demuestran algunos errores en Pe frente a lecciones correctas en Pa:

	Pe	Pa y los demás
V, 6	seguira	seguiria
XII, 4	fermosa	fermosas
XIII, 5	el	e
XV, 4	quasi	ca si
XV, 9	assy non	a sinon
XVI, 3	pene	pena
XVI, 11	cogno	conosco

Aunque no haya faltas en Ph[3] que imposibiliten de un modo convincente la dependencia de Pa y Pe de Ph, creemos, basándonos en otros materiales,[4] que la relación entre estos tres códices es la siguiente:

De modo que el *stemma* será:

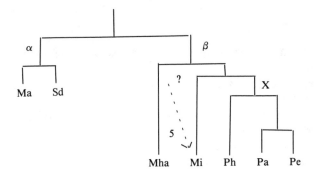

Notas

[1]Los errores van provistos de un asterisco. Partimos del punto de vista de que antes de establecer el texto crítico se pueden calificar ya de errores las lecciones visiblemente aberrantes.

[2]Véase la introducción a la edición de la *Comedieta de Ponza*, *ed. cit.*, pp. 35-43, 46-50 y 52-57.

[3]Las únicas que hemos encontrado son: II, 5, pues que yo que; III, 5, frol de crauellina; X, 8, uos. Cf. también la variante nº. 20 del epígrafe del soneto II en Ph: Vrraca Fernando.

[4]Cf. la edición que hizo Maxim. Kerkhof de la *Comedieta de Ponza*, *ed. cit.*, pp. 86-87 y 134, y Maxim. P.A.M. Kerkhof, "El Ms. 80 de la Biblioteca Pública de Toledo y el Ms. 1967 de la Biblioteca de Catalunya de Barcelona, dos códices poco conocidos," *Revista de Archivos, Bibliotecas y Museos*, LXXXII (1979), pp. 38 y 41.

[5]En relación con algunos textos que figuran en Mi se ha demostrado que fueron copiados de textos contaminados o que el copista utilizó dos modelos a la vez. Cf. Florence Street, "The text of Mena's 'Laberinto,' in the 'Cancionero de Ixar' and its relationship to some other fifteenth-century mss.," *Bulletin of Hispanic Studies*, XXXV (1958), p.66; Maxim. P.A.M. Kerkhof, en su edición de la *Comedieta de Ponza*, *ed. cit.*, p. 119-123, y en su edición crítica del *Bías contra Fortuna*, Anejo XXXIX del *Boletín de la Real Academia Española*, Madrid, 1983, p. 46.

Sin embargo, la contaminación no es tan evidente en los textos de los sonetos de Mi. He encontrado un solo caso en que MHa, Pa, Pe y Ph tienen una falta en común donde Mi presenta la lección correcta junto con Ma y Sd: XVI, 7 inflama nin vos* ~ inflama e vos.

Cuando Mi se aparta de Pa, Pe y Ph, compartiendo la buena lectura con Ma y Sd en textos que no figuran en MHa, es posible que la mala lectura de los tres códices parisienses haya procedido de *X*.

6. Criterios de la edición

La transcripción:

Seguimos fielmente la ortografía de cada texto.

En cuanto a la separación y unión de palabras, seguimos el criterio moderno.

Resolvemos las abreviaturas indicando en cursiva las letras suplidas (cap. I, 4).

Usamos el apóstrofo siempre que se han unido dos palabras con pérdida de vocal.

El signo tironiano lo editamos como *e*.

Transcribimos *R* y *F* como *rr*.

El signo sobre *como* lo interpretamos como *m*, editando *commo*.

No transcribimos las tildes ociosas que acompañan a la *ch* y a la *y*.

La edición crítica.

Epígrafes. No los atribuimos al autor. Sin embargo, los hemos puesto encima de los sonetos porque en la mayoría de los casos contienen información interesante. Con respecto a los sonetos I-XVII partimos del texto de Mi. Los errores se corrigen con ayuda de Pa, Pe y Ph. Si el encabezamiento de Ma ofrece alguna información más, viene detrás del de Mi. Del los sonetos nº. XVIII en adelante reproducimos los epígrafes de Ma.

Sonetos. El texto crítico de los sonetos I-XVII lo establecemos según el método neolachmanniano.[1] El texto base será el de Sd, por ser éste con toda probabilidad el cancionero que don Íñigo mandó hacer para Gómez Manrique alrededor de 1456.[2] Por lo tanto, se trata de un manuscrito autorizadísimo. Sd nos guía también en cuanto al orden de los sonetos. El método utilizado implica en caso de no concordar completamente α y β:

$$\alpha + \tfrac{1}{2}\,\beta \rightarrow \text{Sd}$$
$$\tfrac{1}{2}\,\alpha\,(=\text{Sd}) + \beta \rightarrow \text{Sd}$$
$$\tfrac{1}{2}\,\alpha\,(=\text{Ma}) + \beta \rightarrow \text{Ma}$$

Cuando hay equipolencia entre α y β editamos ambas soluciones entre barras oblicuas, siendo la primera la de α y la segunda la de β : / α : β /. Por lo general se trata de variaciones insignificantes. Es sumamente difícil, por no decir imposible, determinar si son de la mano del autor (1ª (β) y 2ª (α), o si obedecen a la intervención de un copista. En caso de tratarse de 'variantes de autor', esta manera de editar refleja la historia textual, en que α representa la versión definitiva.

Claro está que un error forma una excepción a estas reglas. Si en los sonetos que únicamente figuran en Sd y Ma (nᵒˢ XVIII-XXXVI) cada códice ofrece una lección diferente, siendo ambas posibles, las editamos también entre barras oblicuas.

En los sonetos que sólo existen en Ma, uniformamos a veces la ortografía conforme a la de Sd.

En la categoría de versos faltos o sobrados de sílabas deciden los manuscritos,[3] ya que no somos partidarios de regularizar los versos anómalos.

Otros criterios:

Empleamos signos de puntuación conforme al uso moderno.
En la acentuación seguimos el mismo criterio.
Escribimos los nombres propios con mayúscula.
Las enmiendas van entre corchetes.
Om. significa 'omite' u 'omiten.'
El ¨ (crema) indica diéresis y el signo   sinéresis.
/ ϕ : e / significa que β lee *e* donde α no tiene nada.

Anotaciones:

Sólo en los casos que nos han parecido interesantes nos referimos a las ediciones de Amador, Vegue y Goldoni, Durán y Sola-Solé.

Otros nombres que se citan en varias ocasiones son:
Corominas: J. Corominas, *Diccionario crítico etimológico de la lengua castellana*, 4 vols., Gredos, Madrid, 1955-1957.
Hanssen: Federico Hanssen, *Gramática histórica de la lengua castellana*, París, 1966.
Alcover: Antoni Ma Alcover y F. de B. Moll, *Diccionari català-valencià-balear*, segona edició, Palma de Mallorca, 1964.

Aut. indica: *Diccionario de Autoridades*, 3 vols., Gredos, Madrid, 1954.
lat. = latín.
Con respecto a sucesos y personajes bíblicos, mitológicos e históricos hemos consultado:
Diccionario Enciclopédico Hispano-Americano, 28 vols., Barcelona, 1887-1910.
Diccionario de la mitología clásica, por Constantino Falcón-Martínez,

Emilio Fernández-Galiano y Raquel López Melero, 2 vols., Alianza Editorial, Madrid, 1980.

Todos las demás obras van mencionadas detalladamente en las notas.

Notas

[1]Una buena exposición del método se encuentra en Oreste Macrí, *Ensayo de métrica sintagmática*, Gredos, Madrid, 1969, pp. 11-42: "Vulgarización del método neolachmanniano con motivo de la edición juanruiciana de Chiarini."
[2]Cf. las ediciones que Kerkhof hizo de la *Comedieta de Ponza* y del *Bías contra Fortuna*, *eds. citadas*.
[3]Cf. el capítulo I, 7, p. 54 y nota 13.

7. Los *Sonetos 'al itálico modo'*

Al Marqués de Santillana le cabe el honor de haber introducido en España una nueva forma poética, el soneto.

El día cuatro de mayo de 1443[1] le manda a doña Violante de Prades la *Comedieta de Ponza* "e asy mesmo los çiento *Proueruios* míos e algunos otros *Sonetos* que agora nueuamente he començado a [fazer] al itálico modo."[2]

Hasta esa fecha había compuesto con toda probabilidad los 17 sonetos que figuran juntos en los mss. Mi, Pa, Pe y Ph, puesto que el nº. XVIII parece ser fechable en 1444.[3] A este grupo se suman todavía 25 sonetos pertenecientes a los últimos 15 años de la vida del Marqués. En un solo caso, el del soneto nº. XXXII, el epígrafe nos informa sobre la fecha de composición: "otro soneto qu'el Marques fizo en loor de la ciubdad de seuilla quando el fue a ella en el año de cinquenta e çinco."[4] Sin embargo, a través de un estudio del contenido el profesor Lapesa llegó a datar unas cuantas poesías: "el II, 'Lloró la hermana, maguer que enemiga,'" había sido compuesto al morir en Italia el infante don Pedro (1438), y el V, "No solamente al templo diuino," cuando falleció la infanta doña Catalina (1439), la princesa tiernamente compadecida en la *Comedieta*. Más reciente es el soneto XIII, "Calla la pluma e luze la espada," dedicado a Alfonso V, sin duda con motivo de su triunfal entrada en Nápoles (1443) ... El XVIII tiene significativas coincidencias con los últimos párrafos de la *Questión* que nuestro autor dirigió en enero de 1444, consternado ante la inminente guerra civil, a don Alonso de Cartagena. La producción continuaba diez u once años después: un soneto valía al Marqués para afianzar el vacilante ánimo de Juan II en sus decisiones contra don Álvaro de Luna ("Vençió Aníbal al conflicto de Canas," XXX, 1453); en otro, instado por el viejo Fernán Pérez de Guzmán, pedía a los príncipes cristianos que acudiesen a reparar la caída de Bizancio, recién conquistada por los turcos ("Forçó la fortaleza de Golías," XXXI, 1453-54); poco después, también valiéndose de sonetos, daba consejos de gobierno al nuevo rey Enrique IV (XXXIII, 1454-55), y encomiaba las grandezas de Sevilla con ocasión de una visita que hizo a la ciudad (1455, XXXII)."[5]

Con respecto a la temática, los sonetos del Marqués pueden dividirse en tres categorías:

A. Sonetos amorosos: I, III, IV, VI, VII, VIII, IX, XI, XII, XIV, XVI, XIX, XX, XXI, XXIII, XXIV, XXV, XXVI, XXVII, XXVIII, XXIX y XXXVII.

B. Sonetos histórico-políticos: II, V, X, XIII, XV, XVII, XVIII, XXX, XXXI y XXXIII.

C. Sonetos religioso-morales: XXII, XXXII, XXXIV, XXXV, XXXVI, XXXVIII, XXXIX, XL, XLI y XLII.

Los datos discutidos hasta ahora pueden ser representados en un cuadro sinóptico de la manera siguiente:

```
       1438      1439                    1443           1444
        ↑         ↑                       ↑              ↑
nos.  1   2   3   4   5   6   7   8   9  10  11  12  13  14  15  16  17  18  19  20  21
```

A/B/C	1	2	3	4	5	6	7	8	9	10	11	12	13	14	15	16	17	18	19	20	21
A	X		X	X		X	X	X	X		X	X		X		X			X	X	X
B		X			X					X			X		X		X	X			
C																					

```
             1450-52      1453  1455                                    †1458
               ↑           ↑     ↑
nos.  22  23  24  25  26  27  28  29  30  31  32  33  34  35  36  37  38  39  40  41  42
```

A/B/C	22	23	24	25	26	27	28	29	30	31	32	33	34	35	36	37	38	39	40	41	42
A		X	X	X	X	X	X	X								X					
B									X	X		X									
C	X										X		X	X	X		X	X	X	X	X

Claro está que este esquema no implica que el Marqués escribiese sus sonetos exactamente por este orden.

Llama la atención el que los sonetos de motivo religioso-moral pertenezcan a los últimos años de la vida del Marqués, o como lo expresó Rafael Lapesa: "El decurso vital del Marqués se refleja así en el cambio de intereses."[6]

En la ya citada *Carta* a doña Violante de Prades Santillana describe el origen y la historia del soneto: "E esta arte falló primero en Ytalia Guido Cavalgante, e después vsaron d'ella [Checo d'Ascholi] e Dante, e mucho más que todos Françisco Petrarca, poeta laureado."[7]

También en el *Prohemio e carta* (posterior a 1444) se refiere a los sonetistas italianos; a Petrarca dedica un párrafo entero en que cuenta como este 'poeta laureado' durante su estancia en la corte del rey Roberto de Nápoles hizo "muchas de las sus obras, asy latinas como vulgares; e entre las otras el libro de *Rerum memorandarum*, e las sus églogas, e muchos sonetos, en espeçial aquel que fiço a la muerte deste mesmo rey, que comiença: "Rota el alta colupna e el verde lauro."

La crítica ha mostrado claramente la gran influencia de Petrarca en los sonetos de don Íñigo en cuanto al contenido.[9] Sin embargo, lo que es muy curioso es que el soneto petrarquesco no influyó mucho en las estructuras métricas y con respecto a la disposición de las rimas la influencia de Petrarca es casi nula. El análisis métrico realizado por Rafael Lapesa dio los siguientes resultados[10]:

Grupo	Sílabas acentuadas	Cantidad de versos
A	4a—7a—10a	169 (30% del total)
AB	4a—¿7a?—10a	22 (3,9%)
B	4a—10a	41 (7,3%)
C	4a—6a—7a—10a	6 (1,06%)
D	4a—7a—8a—10a	3 (0,5%)
E	4a—6a—8a—10a	30 (5,3%)
F	4a—8a—10a	70 (12,4%)
G	4a—6a—10a	87 (15,5%)
H	6a—10a	106 (18,9%)
I	5a—10a	6 (dudosos)
X	23 versos de clasificación dudosa	
Y	2 dodecasílabos de arte mayor	
Z	23 versos faltos o sobrados de sílabas	

El 31,3% (F, H) de los versos de los sonetos del Marqués corresponden a los tipos de endecasílabo utilizado por Petrarca.[11]

Los esquemas A, AB y B, que representan el 41, 2% del total de los versos, corresponden a los de los versos endecasílabos presentes en el arte mayor; pero también se encuentran en el endecasílabo italiano hasta la época de Dante.[12]

En cuanto a la categoría Z: estos versos anómalos pueden ser descuidos de los copistas o se deben al autor mismo. Un problema idéntico en relación con el dodecasílabo en la obra del Marqués fue señalado por Pedro Henríquez Ureña.[13]

Sobre la base de un examen del ritmo interior de los períodos prosódicos que constituyen los dos hemistiquios del endecasílabo, Mario Penna cree que el endecasílabo franco-provenzal influyó más que el italiano en los sonetos de Santillana: "Entre España e Italia no existe la contigüidad territorial que hay entre España y Francia y es fácil que para el Marqués la lengua italiana fuera una lengua más bien escrita que hablada, en el sentido que la hubiese aprendido más leyendo que oyéndola, lo que nos hace pensar que, al leer, la acentuación misma de las palabras pudiese escapársele y que instintivamente, por tratarse de una lengua extranjera, la asimilase a la provenzal y catalana, cuya pronunciación conocía seguramente mejor."[14]

Otros críticos, como J.B. Trend[15] y Rafael Lapesa,[16] opinan que Santillana trató de trasplantar el endecasílabo italiano, lo cual consiguió sólo parcialmente por estar tan familiarizado con el verso de arte mayor.

Según Lapesa fluctúan los endecasílabos del Marqués "entre el todavía no y el ya, entre la inmadurez y el logro."[17]

Recientemente Derek C. Carr sugirió que la variedad de esquemas métricos en los sonetos de don Íñigo obedece al "specific effect they would produce" en relación con el contenido.[18] Para este estudioso el Marqués se preocupó sobre todo de la *forma estrófica* y no del *metro italiano*: " ... his *sonetos* are *fechos al itálico modo* simply because they are *sonetos*."[19]

La disposición de rimas predilecta responde a la del soneto italiano primitivo.[20]

En los sonetos de Santillana los cuartetos presentan cuatro patrones diferentes:

1. ABAB	ABAB	(32son.)
2. ABBA	ACCA	(7 son.)
3. ABAB	BCCB	(2 son.)
4. ABBA	ABBA	(1 son.)

El nº. 1 refleja la combinación de las rimas de los cuartetos del soneto italiano primitivo. Entre 1280 y 1300 comienza a triunfar el tipo n°. 4, que predomina ya en Cavalcanti y Dante. Es el esquema casi exclusivo de los sonetos de Petrarca.[21]

Con razón vio Ángel Vegue y Goldoni en el uso de los patrones n°s. 2 y 3 la influencia de la octava de arte mayor (*Pregunta de Nobles, Comedieta de Ponza*), puesto que en la métrica italiana nunca interviene una tercera rima.[22] El abundante uso de rimas oxítonas en los sonetos del Marqués, cosa extraña en el soneto italiano, se explica también por influencia del verso de arte mayor.[23]

Hemos visto arriba cómo "Sonetos al itálico modo" se interpreta de modos diferentes. Nosotros seguimos la opinión de quienes consideran los sonetos de Santillana como un intento parcialmente logrado de trasplantar el soneto italiano a la lengua española. Creemos que el empleo profuso de diferentes estructuras métricas se debe al hecho de que el Marqués fue incapaz de analizar, valorar y saborear la estructura íntima del endecasílabo italiano por haber aprendido la lengua italiana (citamos otra vez a Mario Penna) "más leyendo que oyéndola, lo que nos hace pensar que, al leer, la acentuación misma de las palabras pudiese escapársele ... No había encontrado él un amigo culto e inteligente como encontró Boscán en Navagero, ni tampoco un Soberano que le llevase a aprender el otro idioma en las dulces orillas de la bahía de Nápoles, como Garcilaso."[24]

Sin embargo, a pesar de esto y de otros defectos que la crítica ha señalado,[25] los sonetos del Marqués de Santillana no pueden considerarse como un intento fracasado. Estamos completamente de acuerdo con Rafael Lapesa, que escribió que en cada uno de los sonetos está presente "la huella del gran poeta, ya sea en el acierto general, ya en momentos felices."[26]

Notas

[1]Cf. el Apéndice A de la edición que hizo Kerkhof de la *Comedieta de Ponza, ed. cit.*, p. 519.

[2]*Ibídem*, p. 509.

[3]Rafael Lapesa, *La obra literaria del Marqués de Santillana*, Ínsula, Madrid, 1957, pp. 179-180.

[4]Epígrafe en Ma.

[5]Rafael Lapesa, *op. cit.*, pp. 179-180.

[6]*Ibídem*, p. 182.

[7]Apéndice A de la edición que hizo Kerkhof de la *Comedieta de Ponza, ed. cit., p. 509.*

[8]*Ed. cit.*, párr. VII, p. 27.

[9]Ángel Vegue y Goldoni, *ed. cit.*, pp. 38-59; Rafael Lapesa, *op. cit.*, pp. 184-190. Se ha señalado también el influjo de Jordi de Sant Jordi y del autor francés Machaut (cf. Lapesa, *op. cit.*, pp. 188-189).

[10]Rafael Lapesa, "El endecasílabo en los sonetos de Santillana," *Romance Philology*, X (1956-1957), pp. 181-184.

[11]Mario Casella, "Studi sul testo della 'Divina Comedia,'" *Studi Danteschi*, 8 (1924), pp. 42-43; apud Mario Fubini, *Metrica e Poesia*, I, Milán, 1962, p. 55.

[12]Rafael Lapesa, *op. cit.*, p. 194.

[13]Pedro Henríquez Ureña, *La versificación española irregular*, segunda edición corregida y adicionada, Madrid, 1933, p. 24.

[14]Mario Penna, "Notas sobre el endecasílabo en los sonetos del Marqués de Santillana," en *Estudios dedicados a Menéndez Pidal*, tomo V, C.S.I.C., Madrid, 1954, p. 277.

[15]Marqués de Santillana, *Prose and Verse*, ed. J.B. Trend, London, 1940, p. 117.

[16]Rafael Lapesa, *op. cit.*, p. 193.

[17]Rafael Lapesa, *art. cit.*, p. 185.

[18]Derek C. Carr, "Another Look at the Metrics of Santillana's Sonnets," *Hispanic Review*, 46 (1978), p. 50.

[19]*Ibídem*, p. 53.

[20]Leandro Biadene, *Morfologia del sonetto nei secoli XIII e XIV*, vol. IV de los *Studj di Filologia Romanza*, publicados por Ernesto Monaci, Roma, 1888, pp. 27-30; apud Rafael Lapesa, *op. cit.*, p. 196, nota 33.

[21]*Ibídem*.

[22]Ángel Vegue y Goldoni, *ed. cit.*, pp. 17 y sigs.

[23]*Ibídem*, p. 35.

[24]Mario Penna, *art. cit.*, pp. 277 y 280.

[25]Cf. Rafael Lapesa, *op. cit.*, pp. 193 y sigs.

[26]*Ibídem*, p. 200.

II

Edición Crítica De Los Sonetos 'Al Itálico Modo'

I

En este primero soneto quiere mostrar el actor que, quando los cuerpos superiores, que son las estrellas, se acuerdan con la natura, que son las cosas baxas, fasen la cosa muy más linpia e muy más neta.

Quando yo veo la gentil criatura
qu'el çielo, acorde con naturaleza
formaron, loo mi buena ventura,
/el punto:el tienpo/ e hora que tanta belleza

me demostraron, e su fermosura,
ca /sola:sólo/ de loor es la pureza;
mas luego torno con ygual tristura
e plango e quéxome de su crueza.

Ca non fue tanta la del mal Thereo,
nin fizo la de Achila e de Potino,
falsos ministros de ti, Ptholomeo.

Assí que lloro mi seruiçio indigno
e la mi loca fiebre, pues que veo
e me fallo cansado e peregrino.

---

1 *gentil*: este adjetivo figura seis veces en los sonetos del Marqués. Rafael Lapesa escribió que es "particularmente grato al 'dolce stil nuovo' y al cantor de Laura" (*op. cit.*, p. 185). 4 Cf. los siguientes versos de Petrarca: "I'benedico il loco e 'l *tempo* e *l'ora* / Che sí alto miraron gli occhi mei" (XIII, 5-6). "Benedetto sia 'l giorno e 'l mese e l'anno / E la stagione e'l *tempo* e *l'ora* e'l *punto*" (LXI, 1-2), (Francesco Petrarca, *Le Rime*. A cura di Giosué Carducci e Severino Ferrari, Sansoni, Firenze, 1965). 6 Ochoa y Amador leen: *ca solo de loar es la pureça* (lectura de Mi). También es posible la lectura *sola* (Ma, Sd) como

adjetivo con valor adverbial. No entendemos por qué Ochoa y Amador prefirieron *loar* (Mi) a *loor* (Ma, Sd, Pa, Pe, Ph). 8 *crueza*: dureza, crueldad. 9 *Thereo*: Tereo, rey de Tracia, sedujo a Philomena, hermana de su esposa Procne; cf. Ovidio, *Metamorfosis*, VI, vss. 412-674 (Ovidius Naso, *Metamorphoseon libri XV*, ed. Hugo Magnus, Berolini, 1914). 10 *Achila*: Aquilas, comandante egipcíaco, elegido para matar a Pompeyo; cf. la *Farsalia* de Lucano, libros VIII, vs. 618 y X, vss. 350, 398, 419 y 523 (Lucan, with an English translation by J.D. Duff, M.A., *The Civil War*, Books I-X (Pharsalia), The Loeb Classical Library, London, Cambridge, Massachusetts, 1962). *Potino*: cortesano egipcíaco y chambelán de Ptolomeo, rey de Egipto. Concibió el plan de matar a Pompeyo (*Farsalia*, libros VIII, vs. 483 y X, vss. 95, 103, 333, 432 y 515). *Fotino* (Durán,, p. 306, nota; Sola-Solé, p.35) es la modernización de la lectura *Photino* (Amador); sin embargo, ninguno de los códices lee así: Ma, Sd, Ph: *potino*; Mi, Pa, Pe: *pontino*. En Lucano, *Farsalia*, VIII, vs. 483: *Pothinus*. 11 Ochoa: *Titholomeo*.

II

En este segundo soneto el actor fabla commo en nonbre de la señora rreyna de Castilla, la qual, por quanto, quando el ynfante don Pedro murió, el qual era su hermano, el señor rrey, su marido, non estaua bien con sus primos, conviene a saber, el rrey de Aragón, el rrey de Nauarra, los ynfantes sus hermanos, non enbargante la triste nueua de la muerte del ya dicho señor ynfante don Pedro le llegase, non osaua asý mostrar enojo por non desplazer al señor rrey, su marido. E aquí toca ella vna estoria antigua de nuestro rreyno, conviene a saber, del rrey don Sancho que murió sobre Çamora, e doña Vrraca Fernández, la qual, por quanto es muy común a todas gentes, mayormente a los rreynos comarcanos, déxolo de tocar.

> Lloró la hermana, maguer qu'enemiga,
> al rrey don Sancho, e con grand sentido
> proçedió presto contra el mal Vellido,
> seruando en acto la fraternal liga.
>
> ¡O dulçe hermano!, pues yo, que tanto amiga
> jamás te fue, ¿cómmo podré çelar
> de te llorar, plañir e lamentar,
> por bien qu'el seso contraste e desdiga?
>
> ¡O real casa, tanto perseguida
> de la mala fortuna e molestada!
> Non pienso Juno que más ençendida
>
> fue contra Thebas, nin tanto indignada.
> ¡Antropos!, muerte me plaze e non vida,
> si tal ventura ya non es cansada.

1-4 Alusión a la traición de Bellido Dolfos, que asesinó cobardemente a Sancho II durante el cerco de Zamora. Doña Urraca se vengó del asesino de su hermano. 4 *seruando*: guardando, observando. 5 Es la lectura de todos los manuscritos. Ochoa y Amador quitaron *o* y Sola-Solé *yo* para dar 11 sílabas al verso; cf. Lapesa, *art. cit.*, categorías Y y Z, pp. 183-184. 6 *jamás*: siempre. *fue*: todos los editores modernos, excepto Vegue Y Goldoni, siguieron a Amador corrigiendo *fue* en *fuy*. Sin embargo, la forma *fue* como 1a pers. del definido ocurre frecuentemente en el español medieval; cf. Menéndez Pidal, *Manual de gramática histórica española*, duodécima edición, Espasa-Calpe, Madrid, 1966, párr. 120, 5, p. 319, y la nota que Kerkhof puso al vs. 177 en su edición de la *Comedieta de Ponza*, pp. 360-361. 8 *por bien que*: aunque. *seso*: sin razón la corrigió Amador en *sexo*. 11 *Juno*: Juno, celosa, le ordenó a Cadmo, el fundador de Tebas, que persiguiera a Europa, que había sido raptada por Zeus. Cuando Cadmo se negó a hacerlo, la diosa se enfureció con él. 13 *Antropos*: Atropos, la más vieja de las tres Parcas, encargada de cortar el hilo de la vida. La forma *Antropos* figura también en el *Prohemio e carta* (Sd y la copia del códice de Batres), *ed. cit.*, p. 49.

III

En este terçero soneto el actor muestra commo* en vn día de vna fiesta vio a su señora asý en punto e tan bien guarnida que de todo punto le rrefrescó la primera ferida de amor.

Qual se mostraua la gentil Lauina
en los honrados templos de Laurençia,
quando solempnizauan a Heritina
las gentes d'ella con toda femençia;

e qual paresçe flor de clauellina
en los frescos jardines de Florençia,
vieron mis ojos en forma diuina
la vuestra ymajen e /diua:deal/ presençia,

quando la llaga o mortal ferida
llagó mi pecho con dardo amoroso,
la qual me mata en prompto e da vida,

me faze ledo, contento e quexoso.
Alegre passo la pena indeuida,
ardiendo en fuego me fallo en reposo.

commo: equivale al *que* anunciativo (cf. Hanssen, párr. 656, p. 279)

1 *Qual*: lo mismo que. *Lavina*: Lavinia, hija del rey Latino. Era la novia de Turno cuando su padre la prometió a Eneas; cf. la *Eneida* de Virgilio, VII, vs. 56, y XII, vs. 937 (*The Aeneid of Virgil*, edited with Introduction and Notes by T.E. Page, M.A., New York, 1967). 2 *Laurençia*: Laurente, capital del Lacio (*Eneida*, VIII, vs. 1). 3 *Heritina*: sin duda se refiere a Ericina, sobrenombre de Venus, porque fue adorada en el monte Erix en Sicilia (*Eneida*, V, vs. 759). A Venus Ericina le dedicaron un templo en Roma en 217 a. de J.C.; cf. Prof. dr. G.J.M. Bartelink, *Mythologisch woordenboek*, Prisma, no. 1346, derde druk, Utrecht-Antwerpen, 1978, s.v. *Venus*. 4 *femençia*: ahinco. No hace falta dar preferencia a *fervençia* (lectura de Pa) como hicieron Ochoa y Amador; cf. la nota que Kerkhof puso al vs. 1403 en su edición del *Bías contra Fortuna, ed. cit.* 5 *clauellina*: clavellina, planta de claveles de flores sencillas. 8 /diua:deal/: *deal* figura también en el soneto nº XIV, vs. 8; *diua* aparece otra vez en el nº XLII, vs. 3. 9 *o mortal ferida*: Vegue y Goldoni considera este hemistiquio como una exclamación. Según nosotros es un caso de agrupación de vocablos ('amplificatio' con sinonimia), muy frecuente en la poesía y prosa del Marqués. 9-10 *llaga...llagó*: figura etimológica.

IV

En este quarto soneto el actor muestra e da a entender commo él es sitiado de amor, por tal manera e con tantos pertrechos* que él non sabe que faga de sý; e muestra asymismo que, pues Dauid ni Ercoles non se podieron** defensar, así por sçiençia commo por armas, que non es posible a él de lo faser.

Sitio de amor con grand artillería
me veo en torno e poder inmenso,
e jamás cessan de noche e de día,
nin el ánimo mío está suspenso

de sus conbates con tanta porfía
que ya me /sobra:sobran/,maguer me deffenso.
Pues, ¿qué farás?, ¡o triste vida mía!,
/ca: que/ non lo alcanço por mucho que pienso.

La corpórea fuerça de Sansón,
nin de Dauid el grand amor diuino,
el seso nin saber de Salamón,

nin Hércules se falla tanto digno
que resistir podiessen tal prisión;
assí que a deffensar me fallo indigno.

---

pertrechos: municiones, armas y demás instrumentos o máquinas de guerra.
**podieron*: pudieron (cf. Hanssen, párr. 251, p. 114).

2 *e poder inmenso*: siguiendo a Ochoa, Amador puso *e con poder inmenso*. No hace falta, porque el *con* del primer verso rige también *poder inmenso* del segundo (hipérbaton). Además, la corrección de Amador da 12 sílabas al verso. 4 *suspenso*: libre. 6 /sobra: sobran/: hasta ahora los editores, con excepción de Vegue y Goldoni, prefirieron *sobran*; cf. *cessan* (vs. 3), que tiene como sujeto *artillería* y *poder inmenso*. Amador no mencionó que Ma y Sd leen *sobra*. El verbo en singular podría ser explicado si tomamos como sujeto *sitio de amor*. *Sobrar*: vencer; del lat. *superare*. *me deffenso*: Elena Villamana (*Marqués de Santillana y Juan de Mena*, Biblioteca Clásica Ebro, Zaragoza, 1955, p. 48) transcribe erróneamente *maguer de defenso*, y en una nota explica: "De defenso. *Defensus*, de *defendo*, defender, rechazar." Sin embargo, *deffenso* es del lat. *defensare*. 8 *lo alcanço*: Sola-Solé omite *lo*. 9 *Sansón*: juez de los hebreos, célebre por su fuerza. 10 *Dauid*: David, rey de Israel; venció a los filisteos y fundó Jerusalén. 11 *Salamón*: Salomón, hijo y sucesor de David. Fue legendaria su sabiduría. Para la forma *Salamón*, véanse p. ej. la *General Estoria* de Alfonso el Sabio (I, concordance-fiche 8; IV,

concordance-fiche 7; *Concordances and Texts of the Royal Scriptorium Manuscripts of Alfonso X, El Sabio*. Edited by Lloyd Kasten and John Nitti, Madison, 1978); *Proverbios de Salamón* (edición de C.E. Kany, en *Homenaje a Menéndez Pidal*, vol. I, Madrid, 1925, pp. 269-285); el *Prohemio e carta* (*ed. cit.*, p. 23); el *Triunfete de Amor*, XII, 1 (en *Marqués de Santillana, Canciones y Decires*. Edición de Vicente García de Diego, Clásicos Castellanos, nº 18, Espasa-Calpe, Madrid, 1968); y el *Cancionero de Baena* (*ed. cit.*, pp. 95, 171, 178, 420, 444, 451, 519, 539, 693, 731, 732, 770, 1071, 1100 y 1166). 12 *Hércules*: hijo de Júpiter y Alcmena; célebre por su fuerza. 13 *podiessen*: el verbo en la tercera persona del singular (*pudiese*), como leen Ma y Pe, se podría explicar tomando únicamente a *Hércules* somo sujeto. *prisión*: por *presión*.

V

En este quinto soneto el actor fabla en nonbre del ynfante don
Enrrique, e muestra commo se quexa por la muerte de la señora
ynfante, su muger, e dise que non solamente al çielo e perdurable gloria
la quisiera conseguir,* donde él se cuyda e ha por dicho ella yua, según
la vida e obras suyas, mas aún al ynfierno e maligno çentro, sy por
ventura dado le fuese ferirse él mesmo e darse a la muerte por golpe de
fierro o en otra qualquiera manera.

Ma: Soneto del Marqués al ynfante don Enrrique quando murió la
infanta doña Catalina su muger.

> Non solamente al templo diuino,
> donde yo creo seas reçeptada
> segund tu /ánimo santo:santo ánimo/ benigno,
> preclara infante, muger mucho amada,
>
> mas al abismo o çentro maligno
> te seguiría, sy fuesse otorgada
> a cauallero por golpe ferrino
> cortar la tela por Cloto filada.
>
> Assí non lloren tu muerte, maguer sea
> en hedad nueua e tiempo triumphante,
> mas la mi triste vida que dessea
>
> yr donde fueres, commo fiel amante,
> e conseguirte, dulçe mía Ydea,
> e mi dolor açerbo e inçessante.

*conseguir: seguir

3 /ánimo santo: santo ánimo/: Sola-Solé, siguiendo a Amador y Durán, restituye e (santo
ánimo e benigno) "por razones de metro" (p. 165). Sin embargo, las lecturas de los
códices responden a las estructuras métricas 4-7-10 y 4-6-10, respectivamente los tipos A y
G del análisis métrico realizado por Rafael Lapesa (art. cit., pp. 181-182). 4 infante: no
hace falta enmendar infanta como hizo Sola-Solé. Doña Catalina falleció en 1439. 5 o
çentro maligno: según Vegue y Goldoni se trata de una exclamación. Nosotros lo
interpretamos como un caso de 'amplificatio'; cf. el soneto III, vs. 9. 7 golpe ferrino:
golpe de arma de hierro. Para la formación de adjetivos con el sufijo -ino, véase María
Rosa Lida de Malkiel, Juan de Mena, poeta del prerrenacimiento español, México, 1950,
p. 266. 8 Cloto: una de las tres Parcas; su nombre significa 'hilandera.' 9 Assí non lloren

tu muerte: aunque todos los códices--menos Mi (*asy commo llore* tu muerte)--tienen esta lección, Amador corrigió la primera parte del verso en *Non lloren la tu muerte*, obteniendo así un verso endecasílabo. Durán y Sola-Solé siguen esta enmienda. 10 *hedad nueua*: Amador cambió innecesariamente esta lectura en *edat tierna*. Durán y Sola-Solé siguen a Amador. Erróneamente Sola-Solé da a entender que Ma lee *tierna*; sin embargo, Ma dice *truena*. 13 *Ydea*: diosa; del italiano *iddea* (cf. la *Enciclopedia Dantesca*, Roma, 1970).

VI

En este sesto soneto el actor dise que el agua fase señal en la piedra, e ha
visto pazes después de grand guerra, e que el bien ni el mal non duran;
mas que su trabajo nunca çesa. E dise asymesmo que sy su señora le
quiere desir que ella non le ha culpa en el trabajo que pasa, ¿qué fará él
a la ordenança de arriba, conuiene a saber, de los fados, a los quales
ninguno de los mortales puede faser rresystençia ni contradesir?

El agua blanda en la peña dura
faze por curso de tiempo señal,
e la rueda rodante la ventura
trasmuda o troca del geno humanal.

Pazes he visto aprés grand rotura,
atarde tura el bien nin faz'el mal;
mas la mi pena jamás ha folgura
nin punto çessa mi langor mortal.

Por ventura dirás, ýdola mía,
que a tí non plaze /del: de/ mi perdimiento,
antes reprueuas mi loca porfía.

Di, ¿qué faremos al ordenamiento
de Amor, que priua toda señoría,
e rige e manda nuestro entendimiento?

---

3 *rueda rodante*: figura etimológica. Se trata de la rueda de la Fortuna. 4 *geno*: género,
raza. Parece ser un vocablo introducido por el Marqués. Ya figura en el vs. 69 de la
Comedieta de Ponza (1435-36). 5 *aprés*: Amador corrigió *aprés de*, lectura aceptada por
Durán y Sola-Solé. Sin embargo, *aprés* puede tener también el significado de *después de*;
cf. Hanssen, párr. 733, p. 315. *rotura*: ruptura, guerra. 6 *atarde...mal*: ni el bien ni el mal
duran mucho tiempo. *el bien*: preferimos esta lectura (Ma) a la de los demás manuscritos.
7 *folgura*: holganza, descanso. 8 *punto*: refuerza la negación; véase K. W. Wagenaar,
Étude sur la négation en ancien espagnol jusqu'au XVe siècle, Groningen-Den Haag,
1930, pp. 82-83. *langor*: languor, languidez, falta de ánimo o alegría.

VII

En este sétimo soneto el actor muestra commo él non avía osar de*
mostrar a su señora el amor que le auía, ni la lengua suya era despierta a
gelo desir; por tanto gelo escriuía, segund que Fedra fiso a Ypólito, su
[amado], segund que Ouidio lo muestra en el "Libro de las Epýstolas."

Fedra dio regla e manda qu'e[n] amor,
quando la lengua non se falla osada
a demostrar la pena o la dolor
que en el ánimo afflicto es enplentada,

la pluma escriua e muestre el ardor
que dirruye la mente fatigada;
pues osa, mano mía, e sin temor
te faz ser vista fiel enamorada;

e non te pienses que tanta belleza
e sinçera claror quasi diuina
contenga en sí la feroçe crüeza,

nin la nefanda soberuia maligna;
pues vaya lexos invtil pereza
e non se tema de ymagen benigna.

*Cf. el *Corbacho* de Alfonso Martínez de Toledo: "Loco atrevido, ¿dó te vino *osar de*
escrebir ni hablar de aquellas que merescen del mundo la victoria?" (Edición,
introducción y notas de González Muela, Clásicos Castalia, n°. 24, Madrid, 1970, p. 280).
Durán: avia [osado] de mostrar; Sola-Solé: había osar demostrar.

1 *Fedra*: la esposa de Tereo; se enamoró de su hijastro Hipólito y en una carta le expresó
su amor. *manda*: legado. *qu'e[n] amor*: seguimos la corrección propuesta por Ochoa. 4 *es
enplentada*: es emprentada, ha dejado su huella. Sin duda procede del verbo catalán
empremtar (s. XIII; Corominas, s.v. *exprimir*). Cf. el soneto no. XXI, vs. 9. 6 *dirruye*: de
'derruir' (del lat. *diruere* = derribar), lectura de Sd y Mi; Ma, Pa, Pe y Ph leen *di̇struye*
(Pe: *destrue*). En el soneto n°. VIII, vs. 9, Ma, Pa, Pe y Ph leen también *destruye* (Pe:
destrue) donde Sd y Mi dicen *dirruye* (Mi: *deruye*). Por aparecer *destruye* también en el
penúltimo verso, la lectura del vs. 9 será sin duda *dirruye*. En ambos sonetos *dirruye* es la
'lectio difficilior.' 8 *te faz ser vista*: te hace parecer. 11 *contenga en sí*: Amador cambió sin
comentario el orden de las primeras palabras de este verso. Durán y Sola-Solé lo copian.
feroçe: Amador, Durán y Sola-Solé no siguen la tradición manuscrita al poner *feroz*.
Según Corominas (s.v. *fiero*) la voz se documenta por primera vez en Alonso de Palencia.
Nótese la forma italiana *feroçe*.

VIII

En este otauo soneto muestra el actor en commo,* non enbargante su señora o amiga lo oviese ferido e catiuado, que a él non pesaua de la tal presyón.**

¡O dulçe esguarde, vida e honor mía,
segunda Helena, templo de beldad,
so cuya mano, mando e señoría
es el arbitrio mío e voluntad!

Yo soy tu prisionero, e sin porfía
fueste señora de mi libertad;
e non te pienses fuyga tu valía,
nin me desplega tal captiuidad.

Verdad sea que Amor gasta e dirruye
las mis entrañas con fuego amoroso,
e la mi pena jamás diminuye;

nin punto fuelgo nin soy en reposo,
mas biuo alegre con quien me destruye;
siento que muero e non soy quexoso.

*en commo: equivale al que anunciativo (cf. Hanssen, párr. 656, p. 279) **presyón: por prisión.

1 esguarde: mirada, acción de expresar por medio de la vista algún efecto del alma. 2 Helena: mujer de Menelao, célebre por su belleza. Fue raptada por Paris y esto provocó la guerra de Troya. 5 sin porfía: sin disputa. 6 fueste: cf. Hanssen, párr. 258, p. 118, y Adolf Zauner, Altspanisches Elementarbuch, zweite umgearbeitete Auflage, Heidelberg, 1921, párr. 133, p. 86. 7 fuyga: como haiga, destruigo, etc.; cf. Menéndez Pidal, op. cit., párr. 113, p. 292. 8 desplega: Sola-Solé se equivoca al poner despliega; no se trata de una forma de desplegar sino del presente de subjuntivo 3a pers. de desplacer: displaceat > desplega. Cf. Menéndez Pidal, op.cit., párr. 113, 2c, p. 293. 9 dirruye: cf. la nota al vs. 6 del soneto anterior. 11 Ochoa cambió sin razón el orden de las palabras de este verso. Amador lo siguió. 12 fuelgo: Ochoa, Amador y Durán leen fuelga; nosotros preferimos la lectura de Ma y Sd a la de Mi, Pa, Pe y Ph. 13 destruye: no entendemos por qué los editores, excepto Vegue y Goldoni, prefirieron refuye (Pa, Pe) a destruye.

IX

En este noueno soneto el actor muestra commo en vn día de grand fiesta vio a la señora suya en cabello; dise ser los cabellos suyos muy rruuios e de la color de la tupaça, que es vna piedra que ha la color commo de oro. Allý do dise "filos de Arabia" muestra asymismo que eran tales commo filos de oro, por quanto en Arabia nasçe el oro. Dise asymismo que los premía vn verdor plasiente e flores de jazmines; quiso desir que la crespina* suya era de seda verde e perlas.

Non es el rayo del Febo luziente,
nin los filos de Arabia más fermosos
que los vuestros cabellos luminosos,
nin gemma de /topaza:estupaza/ tan fulgente.

Eran ligados de vn verdor plaziente
e flores de jazmín que los ornaua,
e su perfecta belleza mostraua
qual biua flamma o estrella d'Oriente.

Loó mi lengua, maguer sea indigna,
aquel buen punto que primero vi
la vuestra ymagen e forma diuina,

tal commo perla e claro rubí,
e vuestra vista társica e benigna,
a cuyo esguarde e merçed me di.

crespina: redecilla que usaban las mujeres para recoger el pelo y adornar la cabeza.

1 *el rayo del Febo*: el sol. 2 *los filos de Arabia*: véase el epígrafe. 4 *gemma de /topaza: estupaza/*: gema de topacio, piedra preciosa de color amarillo. 5-6 *...verdor plaziente / e flores de jazmín*: véase el epígrafe. 8 *o estrella d'Oriente*: Vegue y Goldoni interpreta esta parte del verso como una exclamación; cf. soneto n°. III, vs. 9 y n°. V, 5. 13 *vista társica*: según F. González-Ollé es la primera documentación en las letras castellanas del tópico 'ojos verdes' ("/Dela etimología de 'társica' al tópico de los 'ojos verdes,'" en *Studia hispanica in honorem R. Lapesa*, t. I, Madrid, 1972, pp. 289-294).

X

En este déçimo soneto el actor, enojado de la tardança que los de la parte suya fasían de cometer* a la otra en estos delictos de Castilla, dise que fiera Castino con la lança aguda en la otra parte, porque mueua las gentes a batalla. E este Castino fue aquel que primeramente firió en las gentes de Ponpeo, ca era de la parte de Çésar en la batalla de Vmaçia**.

Fiera Castino con aguda lança
la temerosa gente pompeana;
el cometiente las más vezes gana,
al victorioso nuze la tardança.

Razón nos mueue, e çierta esperança
es el /alferze:alférez/de nuestra vandera,
e justiçia patrona e delantera,
e nos conduze con grand ordenança.

Rrecuérdevos la vida que biuides,
la qual yo llamo ymagen de muerte,
e tantas menguas séanvos delante;

pensad las causas por que las sofrides,
ca en vuestra espada es la buena suerte
e los honores del carro triumphante.

---

*cometer: acometer. **Vmaçia: por Emacia (= Tesalia). En esta región de Grecia, cerca de la ciudad de Farsalia, César venció a Pompeyo en 48 a. de J.C. Cf. el vs. 492 de la Comedieta de Ponza.

1 Castino: Crastino, personaje de la Farsalia de Lucano. Es el primero que ataca al ejército de Pompeyo en la batalla de Farsalia en 48 (Farsalia, VII, vss. 470-473). 4 nuze: perjudica. 6 /alferze: alférez/: abanderado en el ejército. La forma alférez es la más corriente en el español medieval. En el Diccionario histórico de la lengua española (Tomo I, Madrid 1933, s.v.) se dan como variantes: alferce, alferse, alfériz, alfiérez, alfirer y alfrez. Podemos añadir a esta lista la forma alfierze del ms. O del Libro de Alexandre (estr. 636/a). Alférez es el término actual. 7 patrona: defensora, protectora. e delantera: Amador cambió innecesariamente la lección de todos los códices en es delantera. Durán la acepta. 8 Amador y Durán: e nos conduçen en grand ordenança. 10 Ochoa, Amador y Durán: de la muerte. Rafael Lapesa observó sobre este soneto: "Al leerlo imaginamos al poeta animando a sus gentes antes de la batalla de Torote (1441), aquella lid de la que volvió malherido a su villa de Guadalajara" (op. cit., p. 191).

XI

En este onseno soneto el actor se quexa de su mesma lengua, e ynquiétala e rredargúyela, por quanto a ella plase qu'él muera asý callando; e dise que non le paresçe sea grand sçiençia lo tal.

Despertad con afflato doloroso,
tristes sospiros, la pesada lengua;
mío es el daño e/vuestra: suya/ la mengua
que yo assí biua jamás congoxoso.

¿Por ventura será que hauré reposo
quando recontares mis vexaçiones
aquélla a quien sus crüeles prisiones
ligan mis fuerças con perno amoroso?

¿Quieres que muera o biua languiendo,
e sea occulta mi graue dolençia,
la qual me gasta e va dirruyendo,

e sus langores non han resistençia?
¿De qué temedes?, ca yo non entiendo
morir callando sea grand sçiençia.

1 *afflato*: soplo, viento. 3 Excepto Vegue y Goldoni todos los editores ponen: *suya la mengua*. 4 Ochoa cambió arbitrariamente el orden de las palabras: *Que jamás yo asy viva congoxoso*. Amador y Durán aceptan el cambio propuesto por Ochoa. 6 *recontares*: lectura de Sd y Ph. Vegue y Goldoni: *(rre)contares*; Amador, Durán, Sola-Solé: *recontaré*. Sin embargo, el sujeto es *tú* (= la lengua; cf. *quieres*, vs.9) y no el yo poético. 7 *aquélla*: a aquélla. Es frecuente en textos del Medioevo que la preposición *a* esté embebida en la *a* inicial del vocablo siguiente; cf. la nota a la línea 149 del prólogo de *Bías contra Fortuna* en la edición de Kerkhof. 8 *perno*: clavo, que termina en tornillo, para unir vigas, planchas, etc. Según Durán es voz "extrañamente antipoética y 'moderna.'" 9 *languiendo*: no entendemos por qué Ochoa la corrigió en *padesçiendo*. Amador, Durán y Sola-Solé la aceptan sin comentario. 11 *va*: ningún manuscrito lee *váme* (Amador, Durán, Sola-Solé). 13 *yo*: Vegue y Goldoni enmienda el verso introduciendo [yo], que no hace falta.

XII

En este duodéçimo soneto el actor muestra commo la señora suya es asý gentil e fermosa que deue ser çimera e [timbre] de amor, e que non es menos cuerda e diestra.

> Timbre de amor, con el qüal combate,
> catiua e prende toda gente humana;
> del ánimo gentil derrero mate,
> e de las más fermosas soberana.
>
> De la famosa rueda tan çercana
> non fue por belleza Virginea,
> nin fizo Dido, nin Dampne Penea,
> de quien Ouidio grand loor esplana.
>
> Templo emicante donde la cordura
> es adorada, e honesta destreza,
> silla e reposo de la fermosura,
>
> choro plaziente do virtud se reza;
> válgame, deesa, tu mesura,
> e non me judgues contra gentileza.

1 *timbre*: parte superior del yelmo que se adornaba con plumas. *Aut.* "Assimismo les dio Poncio Emperador yelmos con cimeras a lo que ahora decimos *timbles*" (s. v. *cimera*). Según Corominas (s. v. *témpano*) el vocablo se documenta por vez primera en Pero Mejía, h. 1540. 3 *derrero*: último, del catalán *derrer*; cf. Alcover, s. v. *darrer. mate*: jaque mate, término del juego de ajedrez. El sentido del verso es: su señora es el colmo de gentileza. Ochoa, Amador y Sola-Solé: *de Rea, mate*. 6 *por belleza*: Ochoa, Amador, Durán y Sola-Solé leen *por* su *belleza*, consiguiendo de esta manera un verso endecasílabo. *Virginea*: Virginia, hija del centurión Lucio Virginio (Durán y Sola-Solé: *Verginio*), joven de extraordinaria hermosura. 7 *Dido*: la célebre reina de Cartago. *Dampne Penea*: Dafne, hija del dios—río Peneo. 8 *Ouidio ... esplana*: en las *Metamorfosis*, I, vss. 452 y ss. 9 *emicante*: resplandeciente; del lat. *emicare*. Amador la corrigió innecessariamente en *eminente*; Durán y Sola-Solé le siguen sin comentario. 13 Amador, Durán, Sola-Solé: *válgame* ya, *deesa*, ... Cf. la nota al vs. 6.

XIII

En este tresésimo soneto el actor llora e plañe, por quanto se cuyda que, segund los grandes fechos e gloriosa fama del rrey de Aragón, non ay oy poeta alguno estorial ni orador que d'ellos fable.

Calla la pluma e luze la espada
en vuestra mano, rrey muy virtüoso;
vuestra exçellençia non es memorada
e Calïope fuelga e a reposo.

Yo plango e lloro non ser comendada
vuestra eminençia e nombre famoso,
e redarguyo la mente pesada
de los biuientes, non poco enojoso;

¿por qué non cantan los vuestros loores
e fortaleza de memoria digna,
a quien se humillan los grandes señores,

a quien la Ytalia soberuia se inclina?
Dexen el carro los emperadores
a la vuestra virtud quasi diuina.

4 *Caliope*: Calíope, musa de la elocuencia y de la épica. *a* : ha. 6 Todos los editores, con excepción de Vegue y Goldoni, pusieron en contra de los códices: *nombre tan famoso*. Pero el verso es perfecto si lo leemos con sinalefa entre *vuestra* y *eminençia*, e hiato entre *eminençia* y *e*. 13-14 Significan: los emperadores deberían dejar sus carros triunfales a la ''virtud quasi divina'' de Alfonso V de Aragón.

XIV

En este catorzésimo soneto el actor muestra que, quando él es delante aquella su señora, le paresçe que es en el monte Tabor, en el qual Nuestro Señor aparesçió a los tres discípulos suyos*; e por quanto la estoria es muy vulgar, non cur[a] de la escriuir.

Quando yo soy delante aquella dona,
a cuyo mando me sojudgó Amor,
cuydo ser vno de los que en Tabor
vieron la grand claror que se razona,

o que ella sea fija de Latona,
segund su aspecto /o:e/ grand resplandor;
assí que punto yo non he vigor
de mirar fixo su deal persona.

El su fablar grato, dulçe, amoroso,
es vna marauilla çiertamente,
e modo nueuo en humanidad;

el andar suyo es con tal reposo,
honesto e manso /ɸ: ,e/ su continente,
ca, libre, biuo en catiuidad.

*Pedro, Jacobo y Juan (Mateo, 17: 1-8; Marco, 9: 2-8; Lucas, 9: 28-36).

3 *Tabor*: monte de Israel donde tuvo lugar la Transfiguración de Jesús. 5 *fija de Latona*: Diana. 6 *grand*: según Sola-Solé la enmienda grand[e] "se impone por razones métricas" (p. 161). Sin embargo, con un hiato entre *aspecto* y /o : e/ tiene el verso también 11 sílabas. 9 Amador, Durán: *el su grato fablar*. Se trata de un cambio arbitrario. 12 *el andar*: Vegue y Goldoni pone erróneamente una coma entre *el* y *andar*. 13 *continente*: aire, del semblante y manejo del cuerpo. 14 *ca*: ninguno de los códices lee *que* como sugieren Ochoa, Amador, Durán y Sola-Solé. Para el uso de *ca* en frase consecutiva, véase la edición de Kerkhof de la *Comedieta de Ponza*, ed. cit., p. 345 y la edición hecha por el mismo de la *Defunsión de don Enrrique de Uillena, señor docto e de exçellente ingenio* de D. Íñigo López de Mendoza, Marqués de Santillana, ed. cit., p. 86. Cf. también Michael Metzeltin, *Altspanisches Elementarbuch*, I, *Das Altkastilische*, Heidelberg, 1979, párr. 57.22, p. 96. También hay algunos ejemplos del 'ca consecutivo' en Berceo; cf. Fátima Carrera de la Red, *Las expresiones causativas en las obras de Gonzalo de Berceo*, Instituto de Estudios Riojanos, Logroño, 1982, p. 72.

XV

En este quinsésimo soneto el actor se quexa de la tardança que la parte suya fasía en los debates de Castilla, e muestra asymesmo como se deuen guardar de los engaños, tocando commo por enxenplo d'esto vna estoria de Vyrgilio.

El tiempo es vuestro e si d'él vsades
commo conuiene, non se fará poco;
non llamo sabio, mas a mi ver loco,
quien lo impediere; ca si lo mirades,

los picos andan, pues, si non velades,
la tierra es muelle e la entrada presta.
Sentir la mina, ¿qué pro tiene o presta,
nin ver el daño, si non reparades?

Ca si bien miro, yo veo a Sinón,
magra la cara, desnudo e fambriento,
e noto el modo de su narraçión,

e veo a Vlixes, varón fraudulento;
pues oýd e creed a Lychaón,
ca chica çifra desfaze grand cuento.

5 *los picos*: los azadones. 6 *la entrada presta*: o sea, pronto entrará el adversario. 7 *mina*: galería subterránea para arruinar una fortificación. *pro*: provecho, utilidad. *o (qué) presta*: o qué utilidad tiene. Por lo visto Vegue y Goldoni no entendió el verso: *sentir la mina que pro nos tiene opresta*. 9 *Sinón*: griego que persuadió a los troyanos a introducir el caballo de madera en la ciudad. 13 *Lychaón*: Licaón, hijo de Príamo; murió a manos de Aquiles. En vista de la referencia al engaño de Sinón y Ulises, parece que se trate aquí en realidad de Laocoonte, sacerdote troyano, que había afirmado que el caballo de madera tenía dentro guerreros enemigos. 14 Significa: un solo hombre puede destruir a muchos.

XVI

En este diez e seseno soneto el actor fabla quexándose del trabajo que a un amigo suyo por amor le veýa passar, e conséjale los rremedios que en tal caso le paresçen se deuan tomar.

Ma: Otro soneto qu'el Marqués fizo a rruego de vn pariente suyo, el qual le paresçía que era vexado e atormentado de amor; era el Conde de Uenavente don Alonso.

> Amor, debdo e voluntad buena
> doler me fazen de vuestra dolor,
> e non poco me pena vuestra pena,
> e me tormenta la vuestra langor.
>
> Çierto bien siento que non fue terrena
> aquella flamma nin la su furor
> que vos inflamma e vos encadena,
> ínfima cárcel, mas çeleste amor.
>
> Pues, ¿qué diré? Remedio es oluidar;
> mas ánimo gentil atarde oluida,
> e yo conosco ser bueno apartar.
>
> Pero desseo consume la vida;
> assí diría, siruiendo, esperar
> ser qualque aliuio de la tal ferida.

1 *Amor*: el amor que el yo poético siente por su amigo. 2 *doler...dolor*: figura etimológica. 3 *pena...pena*: figura etimológica. 4 Amador, Durán, Sola-Solé: *atormenta*. 5 Ochoa, Amador y Durán prefieren la lectura errónea de Mi y Ph: *ca non*.

XVII

En este diez e sétimo soneto el actor se quexa de algunos que en estos fechos de Castilla fablauan mucho e fasían poco, como en muchas partes contesçe; e toca aquí de algunos rromanos, nobles onbres, que fisieron grandes fechos, e muestra que non los fasían solamente con palabras.

Non en palabras los ánimos gentiles,
non en menazas ni'n semblantes fieros
se muestran altos, fuertes e viriles,
brauos, audaçes, duros, temederos.

Sean los actos non punto çiuiles,
mas virtüosos e de caualleros,
e dexemos las armas femeniles,
abominables a todos guerreros.

Si los Sçipiones e Deçios lidiaron
por el bien de la patria, çiertamente
non es en dubda, maguer que callaron,

o si Metello se mostró valiente;
pues loaremos los que bien obraron
e dexaremos el fablar nuziente.

1 Amador, Durán y Sola-Solé omitieron *los* con el fin de reducir el número de sílabas a 11. 2 Vegue y Goldoni pasó por alto *ni'n*. 4 *temederos*: dignos de ser temidos. 5 Amador, Durán, Sola-Solé: *sus actos. çiuiles*: propios del no caballero (*Aut.*). Hay que rechazar *çerviles*, corrección propuesta por Durán; cf. Sola-Solé, p. 164. 9 *Sçipiones*: *Escipión el Africano* lidió heroicamente en la Segunda Guerra Púnica; fue vencedor de Aníbal en la batalla de Zama en 202 a. de J.C. *Escipión Emiliano* terminó en 133 la guerra de Numancia. *Deçios*: probablemente Cayo Mesio Quinto Trajano Decio, emperador romano de 249 a 251 d. de J.C. y su hijo Quinto Herenio Etrusco Mesio Decio. 12 *Metello*: es difícil decir a cuál de los Metelos se refiere el poeta. Quinto Cecilio Metelo el Piadoso (m. hacia 63) estuvo en España, donde venció a los oficiales de Sertorio.

XVIII

Otro soneto qu'el Marqués fizo quexándose de los daños d'este rregno.

Oy, ¿qué diré de tí, triste emisperio
o patria mía, ca veo del todo
yr todas cosas vltra el recto modo,
donde se espera immenso lazerio?

Tu gloria e laude tornó vituperio
e la tu clara fama en escureza.
Por çierto, España, muerta es tu nobleza,
e tus loores tornados haçerio.

¿Dó es la fe? ¿Dó es la caridad?
¿Dó la esperança? Ca por çierto avsentes
son de las tus regiones e partidas.

¿Dó es justiçia, temperança, egualdad,
prudençia e fortaleza? ¿Son presentes?
Por çierto non, que lexos son füydas.

1 *Oy*: del lat. *audi*; cf. Hanssen, párr. 96, p. 42. La lectura de Ma es preferible; cf. de *ti*, *Tu* gloria, *tu* clara *fama*, etc. 2 *ca veo*: seguimos la lección de Sd (1/2 α) y MHa (β). Amador y Durán: *que veo*. 3 *vltra el recto modo*: apartándose del recto modo. 4 *lazerio*: desgracia, desastre. 5 *laude*: alabanza. Es voz culta. *tornó* se tornó en. 8 *tornados*: *tornado* (Sd), lección aceptada por Vegue y Godoni, es un error evidente. *haçerio*: reproche, vergüenza, cf. Corominas, s. v. *herir*.12 *temperança*: lección de Sd y MHa (cf. la nota al vs. 2).

XIX

Otro soneto del Marqués.

Lexos de vos e çerca de cuydado,
pobre de gozo e rico de tristeza,
fallido de reposo e abastado
de mortal pena, congoxa e graueza;

desnudo de esperança e abrigado
de immensa cuyta, e visto aspereza.
La vida me fuye, mal mi grado,
e muerte me persigue sin pereza.

Nin son bastantes a satisfazer
la sed ardiente de mi grand desseo
Tajo al presente, nin me socorrer

la enferma Guadiana, nin lo creo;
sólo Guadalquiuir tiene poder
de me guarir, e sólo aquél desseo.

Fernando de Herrera incluyó este soneto en sus *Anotaciones a Garcilaso*; Luzán lo copió en su *Retórica* (apud Amador, p. 283). Joseph Seronde ("A study of the Relations of Some Leading French Poets of the XIVth and XVth Centuries to the Marqués de Santillana," *The Romanic Review*, VI (1915), pp. 76-77, señaló en este soneto la influencia de una balada de Machaut:

> Riches d'amour et mendians d'amie,
> Povres d'espoir et garni de désir,
> Pleins de douleur et diseteus d'aÿe,
> Loing de merçy, familleus de merir,
> Nus de tout ce que me peut resjoir
> etc...

4 *graueza*: la lección de Amador y Durán (*braveça*) no figura en ninguno de los códices. 6 *e visto aspereza*: ninguno de los códices lee *e visto* d'*aspereça*, como todos los editores han sugerido. Interpretamos *e* como elemento anunciativo de la frase principal; cf. la nota a la línea 16 del *Prólogo* del *Bías contra Fortuna* en la edición de Kerkhof. *Visto* como forma sincopada del latín *vestitus* (Amador, p. 590) no nos consta. En nuestra opinión es la primera persona del singular presente de indicativo de *vestir*, y por lo tanto, el sentido es: me encuentro en una situación penosa. 7 Amador, Durán y Sola-Solé leen *la mi vida* para dar 11 sílabas al verso. 8 *e muerte*: seguimos la lectura de MHa. En Amador y Durán comienza el verso: *la muerte*. 12 *la enferma Guadiana*: podría ser una alusión al

extraño curso de este río que corre parcialmente soterrado. 13 Vegue y Goldoni: *Huadalquiuir*. 14 *guarir*: Herrera la sustituyó por *sanar* (ver Amador, p. 284).

XX

Soneto.

Doradas ondas del famoso río
que baña en torno la noble çibdad,
do es aquella, cuyo más que mío
soy e possee la mi voluntad;

pues qu'en el vuestro lago e poderío
es la mi barca veloçe, cuytad
con todas fuerças e curso radío
e presentadme a la su beldad.

Non vos impida dubda nin temor
de daño mío, ca yo non lo espero;
y si viniere, venga toda suerte,

e si muriere, muera por su amor.
Murió Leandro en el mar por Hero,
partido es dulçe al afflicto muerte.

1-2 Sin duda alude el poeta otra vez a Sevilla, ciudad bañada por el Guadalquivir. 6
veloçe: cf. el italiano *veloce*. *cuytad*: daos prisa. 7 *radío*: errante; cf. Corominas s.v.
errar. 13 *Leandro*: amante de Hero; murió ahogado en el Helesponto. 14 Hipérbaton: *(la)
muerte es (un) partido dulçe al afflicto*.

XXI

Otro soneto del Marqués.

En el próspero tiempo las serenas
plañen e lloran reçelando el mal;
en el aduerso, ledas cantilenas
cantan e atienden el buen temporal.

Mas, ¿qué será de mí, que las mis penas,
cuytas, trabajos e langor mortal
jamás alternan nin son punto ajenas,
sea destino o curso fatal?

Mas enprentadas el ánimo mío
las tiene, commo piedra la figura,
fixas, estables, sin algún reposo.

El cuerdo acuerda, mas non el sandío;
la muerte veo e non me do cura,
tal es la llaga del dardo amoroso.

1 *serenas*: sirenas, ninfas del mar. La forma *serenas* era corriente; cf. p. ej. el *Infierno de los enamorados*, LXI, 1 (en Marqués de Santillana, *Canciones y Decires*. Ed. de Vicente García de Diego, *ed. cit.*), Juan de Mena, *Obra lírica* (ed. de Miguel Ángel Pérez Priego, Madrid: Editorial Alhambra, 1979, pp. 94-95) y el *Cancionero de Baena, ed. cit.*, p. 426. 3 *ledas*: alegres. 4 *atienden*: aguardan. Podría ser un galicismo. Amador, Vegue y Goldoni, Durán y Sola-Solé: *atienden al buen temporal*. 8 Amador: *faltal*, error copiado por Durán. 9 *enprentadas*: grabadas, estampadas. 12 *cuerdo acuerda*: figura etimológica. *acuerda*: concuerda. *sandío*: necio, simple. 13 *do*: doy.

XXII

Otro soneto del Marqués amonestando a los honbres a bien beuir.

Non es a nos de limitar el año,
el mes, nin la semana, nin el día,
la hora, el punto; sea tal engaño
lexos de nos e fuyga toda vía.

Quando menos dubdamos nuestro daño,
la grand baylessa de nuestra baylía
corta la tela del humanal paño;
non suenan trompas nin nos desafía.

Pues non siruamos a quien non deuemos,
nin es seruida con mil seruidores;
naturaleza, si bien lo entendemos,

de poco es farta, nin procura honores.
Ioue se sirua e a Çeres dexemos,
nin piense alguno seruir dos señores.

6 *baylessa ... baylía*: la muerte es la alcadesa (*baylessa*) del territorio (*baylía*) de nuestra vida. 7 *corta la tela*: la muerte es comparada con Atropos, una de las tres Parcas, que cortaba el hilo de la vida. 12 *procura*: proporciona. 13 *Ioue*: Jove, o sea, Dios; cf. la nota al vs. 9 de la *Comedieta de Ponza* en la edición de Kerkhof. Vegue y Goldoni: *le sirua*. *Çeres*: diosa de la agricultura. Simboliza aquí a los impulsos paganos.

XXIII

Otro.

Traen los caçadores al marfil
a padesçer la muerte enamorado,
con vulto e con aspecto feminil,
claro e fermoso, compuesto e ornado.

Pues si el ingenio humano es más sotil
que otro alguno, ¿seré yo culpado
si moriré por vos, dona gentil,
non digo 'a fortiori,' mas de grado?

Serán algunos, si me culparán,
que nunca vieron la vuestra figura,
angélico viso e forma exçelente;

nin sintieron amor nin amarán,
nin los poderes de la fermosura
e mando vniuersal en toda gente.

1-4 *Traen ... ornado*: según Durán una "probable alusión a la caza con señuelo, en que
un pájaro sirve de atracción para hacer acudir a otro del sexo opuesto." Sola-Solé dice
que *marfil* significa aquí *elefante*. Sin embargo, parece una clara alusión a la caza del
unicornio como se describe en los bestiarios medievales; cf. p. ej. *Le Bestiaire d'Amour*
de Richard de Fournival, (Slatkine Reprints), Genéve, 1978, p. 23: "Car tieus est la
nature del unicorne qu'il n'est nule beste si crueuse à prendre; et a une corne en la narine
que nule armeure ne le puet contretenir, si que nus ne li ose corre sus ne attendre, fors
virge pucele. Car quant il en sent une au flair, il s'agenolle devant li et si s'umelie
docement aussi come por servir. Si que li sage veneor qui sevent la manière de sa nature
metent une pucele en son trespas et il s'endort en son girou. Et lors quant il est endormis,
si vienent li veneor; qui en veillant ne l'osent prendre, si l'ocient." Debemos este dato a
nuestro colega, el profesor Frans Robben. *Traen*: atraen. 3 *vulto*: rostro. Es palabra
culta, del lat. *vultus*. 8 *a fortiori*: a la fuerza. *de grado*: voluntariamente.

XXIV

Otro.

Si el pelo por ventura voy trocando,
non el ánimo mío, nin se crea;
nin puede ser, nin será fasta quando
integralmente muerte me possea.

Yo me vos di e, non punto dudando,
vos me prendistes e soy vuestra prea;
absoluto es a mí vuestro grand mando,
quando vos veo o que non vos vea.

Bien mereçedes vos ser mucho amada;
mas yo non penas, por vos ser leal,
quantas padesco desde la jornada

que me feristes de golpe mortal.
Sed el oliua, pues fuestes la espada;
sed el bien mío, pues fuestes mi mal.

1 *Si ... trocando*: si mis cabellos encanecen. 6 Amador y Durán leen erradamente
prendiste. 8 *vea*: sin razón la corrigió Amador en *crea*. Durán pone *vea* entre corchetes
como si se tratase de una enmienda. 9 Amador, y por lo tanto también Durán, cambió el
orden de las palabras: *Bien mereçedes ser vos mucho amada*. 10-11 *Mas yo ... jornada
que*: pero yo no merezco las penas que padezco desde la jornada en que ... 13 *el oliua*:
símbolo de la paz.

XXV

Otro.

Alégrome de ver aquella tierra,
non menos la çibdad e la morada,
sean planiçies o campos o sierra,
donde vos vi yo la primer jornada.

Mas luego bueluo e aquesto m'atierra
pensando quánto es infortunada
mi triste vida, porque la mi guerra
non fue de passo, mas es demorada.

¿Fue visto bello o lid tan mortal
do non se viessen pazes o suffrençia,
nin aduersario tanto capital

que non fuesse pungido de conçiençia,
sinon vos sola sin par nin egual,
do yo non fallo punto de clemençia?

4 *primer jornada*: sobre la pérdida de la -*a*, véase Hanssen, párr. 72, p. 32. La forma
plena (Ma) daría 12 sílabas al verso. 8 *demorada*: dilatada, prolongada. Corominas (s.v.
morar) dice no haber encontrado datos de *demorar* entre Berceo y 1680. 9 *bello*: guerra.
Cultismo, del lat. *bellum. o lid*: Amador y Durán leen *o lide*; Vegue y Godoni: *oh lid*;
Sola-Solé: *oh lid[e]*. 10 *suffrençia*: tregua; Du Cange (*Glossarium mediae et infimae
latinitatis*, tomus septimus, París, 1938, p. 647): de *sufferentia* = *suspension d'armes*. 12
pungido: herido.

XXVI

Otro.

Non de otra guisa el índico serpiente
teme la encantación de los egipçios
que vos temedes, señora exçellente,
qualquiera relaçión de mis seruiçios.

Porque sabedes, presente o absente,
mis pensamientos/e : o/ mis exerçiçios
son loarvos e amarvos solamente,
pospuesta cura de todos offiçios.

Oýdme agora, después condenadme,
si non me fallardes más leal
que los leales; e si tal, sacadme

de tan grand pena e sentid mi mal.
E si lo denegades, acabadme;
peor es guerra que non lid campal.

6 /e:o/: Amador y Durán prefirieron la lectura de Ma. Sin embargo, las lecciones de Sd y Ma son totalmente equipolentes. Interpretamos entonces o como conjunción copulativa; cf. Hanssen, párr. 681, pp. 289-290. 10 *fallardes*: Amador enmendó esta forma verbal en *fallaredes* para dar 11 sílabas al verso; Durán y Sola-Solé aceptan la corrección.

XXVII

Otro.

Si la vida biuiesse de Noé,
e si de la vejez todas señales
concurriesen en mí, non çessaré
de vos seruir, leal más que leales.

Ca partirme de vos o de la fe,
ambas dos cosas judgo ser yguales;
por vuestro biuo, por vuestro morré,
vuestro soy todo e míos mis males.

La saturnina pereza acabado
hauría su curso tardinoso,
o las dos partes de la su jornada,

desque vos amo; e si soy amado,
vos los sabedes, después el reposo
de mi triste yazija congoxada.

1 En *Génesis* 9:29 se lee: "Y fueron todos los días de Noé novecientos y cincuenta años; y
murió." Amador, Durán: *Si la vida* toviesse... 7 *morré*: forma sincopada de *moriré*. 8
Todos los editores, excepto Vegue y Goldoni, restituyen: ... *e míos* son *mis males*. 9
saturnina: saturnal, lo que pertenece a Saturno. Para la formación de adjetivos con el
sufijo *-ino*, véase la nota al vs. 7 del soneto V. 9-12 Rafael Lapesa los explica del modo
siguiente: "Saturno habría recorrido su órbita entera, o por lo menos dos tercios de ella,
desde que os amo. Como Saturno invierte cerca de treinta años en recorrer su órbita,
hacía más de veinte que el poeta servía a su dama. El soneto parece ser de hacia 1450-52"
(*op. cit.*, p. 198, nota 38). 10 Amador, Durán, Sola-Solé: *avría* ya *su* ... para dar 11
sílabas al verso. *tardinoso*: tardío, lento. No encontramos el adjetivo en ningún
diccionario. En el *Setenario* de Alfonso el Sabio figura la forma *tardioso* (edición de
Kenneth H. Vanderford, Buenos Aires, 1945, p. 62). En la Edad Media son las formas
más corrientes *tardío* y *tardinero*; ver Corominas, s.v. *tardar*. 13 Amador, Durán,
Sola-Solé: ... *después* del *reposo*. Sin embargo, *después* como preposición existe en el
español medieval; cf. Hanssen, párr. 716, p. 309, y *A Medieval Spanish Word-List*, by
Victor R.B. Oelschläger, Madison, 1940, p. 67, s.v. Parece ser un arcaísmo en tiempos del
Marqués. 14 *yazija*: yacija, sepultura.

XXVIII

Otro.

Cuentan que esforçaua Thimoteo
a los estrenuos e magnos varones,
e los mouía con viril desseo,
con agros sones e fieras cançiones

a la batalla; e del mesmo leo
los retornaua con modulaçiones
e dulçe carmen d'aquel tal meneo,
e reposaua los sus coraçones.

Assí el ánimo mío se altiueçe,
se jacta e loa, porque vos amó,
quando yo veo tanta fermosura.

Mas luego pronpto e presto s'entristeçe
e se maldize porque lo assayó,
vista vuestra crüeza quánto dura.

1 Amador, Durán, Sola-Solé restituyen: *cuéntase. Thimoteo*: Timoteo, general ateniense; murió en Calcis en 354 a. de J.C. Cornelio Nepote escribió su vida en *De viris illustribus,* de la que tenemos un conocimiento parcial a través de un compendio hecho por Emilio Probo con el título de *Vitae excellentium imperatorum.* 2 *estrenuos*: fuertes, valerosos. 4 *agros*: agrios, agudos. 5 Vegue y Goldoni omite *e.* 7 *meneo*: movimiento agitado (la batalla). 8 Amador y Durán: *este possava.* 11 En Vegue y Goldoni comienza el verso: *quanto yo* ... 13 *assayó*: intentó.

XXIX

Otro.

Buscan los enfermos santüarios
con grand desseo /e : o/ sedienta cura
por luengas vías e caminos varios,
temiendo el manto de la sepoltura.

¿Son, si pensades, menores contrarios
los venereos fuegos sin mesura,
nin los mis males menos aduersarios
que la tisera d'Antropos escura?

Pues, ¿quién podría o puede quietar
mis /graues : grandes/ cuytas, mis penas, mis males,
sean por partes o siquiera en gros?

Nin Esculapio podría curar
los mis langores, tantos son e tales,
nin otro alguno, sinon 'Dios e vos.'

---

1 Amador, Durán y Sola-Solé enmiendan: Si *buscan* ... 3 *luengas*: largas. 6 *venereos*:
venéreos, pertenecientes a Venus, amorosos. La acentuación en la penúltima sílaba la
impone el ritmo. 8 *tisera*: la forma más antigua de *tonsoria*; en castellano la *s* se palatalizó
[š] y cambió al fin y al cabo en [x]: *tijera*. 9 Amador y Durán: podrá *o puede*. 11 Amador
y Durán: *por* parte *o. en gros*: en conjunto. Sin duda se trata de un catalanismo; cf.
Alcover, s. v. 12 *Esculapio*: dios de la medicina. 13 *tantos son*: seguimos la versión de
Ma. 14 *Dios e vos*: la divisa del Marqués, en la cual *vos* refiere a la Virgen. Aquí *vos* puede
ser también la amada.

XXX

Otro soneto qu'el Marqués fizo al señor rrey don Juan.

Venció Aníbal al conflicto de Canas
e non dubdaua Liuio, si quisiera,
qu'en pocos días o pocas semanas
a Rroma con Ytalia posseyera.

Por çierto al vniuerso la manera
plugo, e se goza en grand cantidad
de vuestra tan bien fecha libertad,
onde la Astrea dominar espera.

La graçïa leemos sea dada
a muchos, e a pocos la perseueran[ça],
pues de los raros sed vos, rrey prudente;

e non vos canse tan viril jornada,
mas conseguidla tolliendo tardança
quanto es loable, bueno e diligente.

Sobre este soneto escribió Rafael Lapesa: "Petrarca, valiéndose del ejemplo de Aníbal, que por inconstante dejó malograr sus victorias sobre los romanos, incita a Stéfano Colonna para que continúe la lucha contra los Orsini; el Marqués utiliza la misma lección de la historia para espolear a Juan II contra el condestable ya en desgracia" (*op. cit.*, p. 190).

1 *Aníbal*: Aníbal, general cartaginés (247-183 a. de J.C.); venció a los romanos en Cannas en 216 a. de J.C. Amador, Durán, Sola-Solé: el *conflicto*. 2 *Liuio*: Tito Livio, historiador romano (± 59 a. de J.C. - 17 d. de J.C.); autor de *Ab urbe condita libri*. 8 *Astrea*: diosa de la justicia. 9 Amador, Durán y Sola-Solé enmiendan: Si *la graçïa* ... 10 A causa de la rima corregimos: *perseueran[ça]*. 13 *tolliendo*: quitando.

XXXI

Otro soneto qu'el Marqués fizo amonestando a los grandes prínçipes a tornar sobre el daño de Constantinopla.

Forçó la fortaleza de Golías
con los tres nombres juntos con el nombre
del que se quiso por nos fazer hombre
e de infinito mortal e Mexías,

el pastor, cuyo carmen todos días
la santa Esposa non çessa cantando,
e durará tan lejos fasta quando
será victoria a Enoch e a Helías.

Pues vos, los rreyes, los emperadores,
quantos el santo crisma resçebistes,
¿sentides, por ventura, los clamores

que de Bisançio por letras oýstes?
Enxiemplo sea[n] a tantos señores
las gestas de Sión, si las leýstes.

1 *Forçó...fortaleza*: figura etimológica. 1-5 *Forçó ... el pastor*: con ayuda del Dios uno y trino David venció al gigante Goliat. 3 Amador cambió innecesariamente el orden de las palabras: *Del que por nos se quiso façer onbre*. Durán lo copia. 5 *cuyo carmen*: el Salterio. 6 *la santa Esposa*: la Iglesia. 8 *Enoch*: Henoch, padre de Matusalén. En *Génesis* 4:24 se lee: "Caminó, pues, Henoch con Dios, y desapareció, porque le llevó Dios." *Helías*: Elías, profeta judío. En el *Libro Segundo de los Reyes* 2:11 se dice: "... yendo ellos (= Elías y Eliseo) hablando, he aquí, un carro de fuego con caballos de fuego apartó a los dos: y Elías subió al cielo en un torbellino." Volvería a la tierra en los tiempos mesiánicos (*Libro de Malaquías*, 4:5). No se entiende por qué los editores, excepto Vegue y Goldoni, han cambiado *e a Helías* en *también a Helías*. 10 *crisma*: mezcla de aceite y bálsamo consagrada que se usa para la administración de algunos sacramentos; aquí para la coronación de los reyes y emperadores. 11-12 Por lo tanto, este soneto se escribió después de 1452, año de la toma de Bizancio por los turcos. 12 *Bisançio*: Bizancio, antiguo nombre de Constantinopla. 13 *sea[n]*: se evidencia que se necesita la tercera persona del plural. 14 *las gestas de Sión*: los hechos prodigiosos de la Biblia; véanse arriba los vss. 1-8 *Sión* es una de las colinas de Jerusalén; con frecuencia está por Jerusalén.

XXXII

Otro soneto qu'el Marqués fizo en loor de la ciudad de Seuilla quando
él fue a ella en el año de cinquenta e çinco.

> Rroma en el mundo e vos en España
> soys solas çibdades çiertamente,
> fermosa Yspalis, sola por fazaña,
> corona de Bética exçelente.
>
> Noble por hedifiçios, non me engaña
> vana apparençia, mas judgo patente
> vuestra grand fama aún non ser tamaña,
> quanto loable soys a quien lo siente.
>
> En vos concurre venerable clero,
> sacras reliquias, sanctas religiones,
> el braço militante cauallero;
>
> claras estirpes, diuersas nasçiones,
> fustas sin cuento; Hércules primero,
> Yspán e Julio son vuestros patrones.

2 Sola-Solé: *ciüdades*. 3 *Yspalis*: Hispalis, antiguo nombre de Sevilla. 4 Amador, Durán,
Sola-Solé: *de la Bética*. 8 Seguimos aquí la lectura de Ma: *quanto loable*. 12 Amador y
Durán prefirieron la lectura de Ma (*stirpes*) a la de Sd (*estirpes*), dando así 10 sílabas al
verso. 13 *fustas*: embarcaciones de madera. 14 *Yspán*, sobrino de *Hércules* (vs. 13), el
cual gobernó en España después de su tío; cf. Leomarte, *Sumas de Historia Troyana*.
Edición de Agapito Rey, Madrid, 1932, Título LII, p. 140. *Julio*: Julio César. "Ca puso
(= Hércules) ally (= donde hoy se encuentra Sevilla) vnos muy grandes pilares de piedra
e vna tabla en que estaua pyntada la su ymagen e vnas letras en que dezian: 'aqui sera
poblada la grant çibdat.' E aquellas sennales fallo despues Julio Çesar quando la fizo
poblar" (Leomarte, *Sumas ...*, *ed. cit.*, Título XLIX, p. 137).

XXXIII

Otro soneto qu'el Marqués fizo al señor rrey don Enrrique, rreynante.

Porqu'el largo beuir nos es negado,
ínclito rrey, tales obras fazed
que vuestro nombre sea memorado;
amad la fama e aquélla temed.

Con vulto alegre, manso e reposado,
oýd a todos, librad e proued;
fazed que ayades las gentes en grado,
ca ninguno domina sin merçed.

Commo quiera que sea, comendemos
estos dos actos vuestros por derecho,
pues qu'el prinçipio es çierto e sabemos

en todas cosas ser lo más del fecho;
e reffiriendo graçias vos amemos,
qu'es /a : de/ los rreyes glorïoso pecho.

1 *beuir*: la forma disimilada era muy frecuente en el español medieval; cf. Corominas, s.v. *vivo*. 2 *ínclito*: ilustre. *rrey*: don Enrique IV (ver epígrafe), que subió al trono en 1454. 4 *aquélla*: la brevedad de la vida (vs. 1.). 6 *librad*: preservadles de daños o peligros. Amador, Durán, Sola-Solé: *proveet*. 7 *ayades ... en grado*: que las gentes estén contentas. 9 *comendemos*: recomendemos. 12 *lo más del hecho*: lo más perfecto. 14 *pecho*: tributo.

XXXIV

Otro soneto qu'el Marqués fizo en loor de Santa Clara, virgen.

Clara por nombre, por obra e virtud,
luna de Assís, fija d'Ortulana,
de santas donas enxiemplo e salud,
entre las be[u]das vna e soberana;

prinçipio de alto bien, en juuentud
perseuerante, e fuente do mana
pobreza humilde, e closo alamud,
del seráphico sol muy digna hermana.

Tú, virgen, triumphas del triumpho triumphante
e glorïoso premio de la palma;
assí non yerra quien de ti se ampara

e te cuenta del cuento dominante
de los santos, ¡o santa sacra e alma!
Pues 'ora pro me,' beata Clara,

1 *Clara*: Clara de Asís (1194-1253), fundadora de la orden de las clarisas. 2 *luna de Asís*: ella es la luna de Asís y San Francisco el sol (vs. 8). Amador, Durán y Sola-Solé enmiendan: *e fija. Ortulana*: Ortolana, la madre de Clara; una vez viuda, ingresó también en la orden de su hija (cf. el *Dizionario Enciclopedico Italiano*, Roma, 1956). 4 *be[u]das*: viudas. La lectura *bendas* tal vez pudiera ser un italianismo: *bendas* = velos monásticos (cf. la *Enciclopedia Dantesca, op. cit.*), metonímicamente *monjas*. Sin embargo, esta explicación resulta ser muy rebuscada. 5 Amador, Durán: *e juventut*. 6 Amador, Durán, Sola-Solé: *de do mana*. 7 *closo*: cerrado; del lat. *clausus*. Con toda probabilidad es un galicismo o un catalanismo. *alamud*: cerrojo. *Closo alamud* significa aquí en sentido figurado: protección contra el pecado. 8 Cf. la nota al vs. 2. 9 *triunphas...triumpho triumphante*: figura etimológica. 10 *la palma*: es la insignia del triunfo y la victoria. 12 *cuenta...cuento*: figura etimológica. 14 Amador, Durán, Sola-Solé: *Pues* hora *ora...*

XXXV

Otro soneto qu'el Marqués fizo en loor Sant Miguel Arcángel a suplicaçión de la vizcondesa de Torija, doña Ysabel de Borbón.

Del çelestial exército patrón
e del segundo choro más precioso,
de los ángeles malos dampnaçión,
Miguel Arcángel, duque glorïoso;

muy digno alférez del sacro pendón,
inuencible cruzado victorioso,
tú debellaste al crüel dragón
en virtud del excelso poderoso.

Por todos estos premios te honoramos
e veneramos, príncipe excellente,
e por ellos mesmos te rogamos

que ruegues al Señor Omnipotente
nos dignifique, porque posseamos
la gloria a todas glorias preçedente.

3 *dampnaçión*: condenación; del lat. *damnatio*. 4 *duque*: jefe, capitán; cultismo semántico. 5 *alférez*: cf. el soneto X, vs. 6. *pendón*: estandarte. 7 *debellaste*: venciste; del lat. *debellare*. Amador y Durán ponen erróneamente: *debellastes*; Sola-Solé: *debelaste*. *crüel dragón*: "Miguel y sus ángeles peleaban contra el dragón, y el dragón con sus ángeles lidiaba contra él; pero éstos fueron los más débiles... Así fue abatido aquel dragón descomunal, aquella antigua serpiente que se llama diablo, y también Satanás" (*Apocalipsis*). 11 Amador, Durán y Sola-Solé enmiendan: *e bien por ellos...* 11-12 *rogamos...ruegues*: poliptoton. 12 Amador, Durán: *Señor e muy potente.* 13 Vegue y Goldoni, Sola-Solé: *por que.*

XXXVI

Otro soneto qu'el Marqués fizo en loor de Nuestra Señora.

Virginal templo do el Verbo diuino
vistió la forma de humanal librea,
a quien anela todo amor benigno,
a quien contempla commo a santa Ydea,

sy de fablar de ti yo non soy digno,
la graçia del tu fijo me prouea;
indocto soy e lasso peregrino,
pero mi lengua loarte dessea.

¿Fablaron, por ventura, Johan e Johan,
Jacobo, Pedro tan grand theología,
nin el asna podiera de Balán,

sin graçia suya, fablar, nin sabía?
Pues el que puede, fable sin affán
tus alabanças en la lengua mía.

1 *Virginal templo*: la Virgen María. *Verbo diuino*: Jesucristo. 2 *librea*: uniforme de criados. 3 *anela*: anhela. 4 *Ydea*: cf. el soneto V, vs. 13. 7 *lasso*: cansado; del lat. *lassus*. Vegue y Goldoni: *casso*. 8 Amador y Durán: *... tu loar dessea*. 9 *Johan e Johan*: San Juan Bautista y San Juan Evangelista. 9-12-13 *Fablaron...fablar...fable*: poliptoton. 10 *Jacobo, Pedro*: apóstoles. Amador, Durán y Sola-Solé: *Jacobo e Pedro*. 11 *el asna ... de Balán*: Balaam, hijo de Beor, poseía un asna que hablaba (*Números*, 22-24). *podiera*: cf. el soneto IV, epígrafe y vs. 13.

XXXVII

Otro.

Adiuinatiuos fueron los varones
de Galilea, quando los dexó
nuestro Maestro, mas sus coraçones
non se turbaron punto más que yo.

Por mí sabidas vuestras estaçiones,
vuestro camino, el qual me mató;
e así non ca[n]san las mis afliciones,
avnque si vuestro era, vuestro so.

Ffaçed agora como comedida,
non me matedes, mostrad[vos] piadosa.
Façed agora como fizo Dios

e consoladme con vuestra venida;
cierto faredes obra virtüosa,
si me valedes con vuestro socós.

1 *Adiuinativos*: inseguros, dudosos. Es un neologismo. Sola-Solé: *Divinativos*. 6 El camino que la dama amada tomó al abandonar a su amante (yo poético) es una 'vía dolorosa' para él. 7 Amador, Durán, Sola-Solé: *causan*; sin embargo, a nuestro juicio, esta lectura no funciona en el contexto. 9 *comedida*: moderada. 10 mostrad[vos]: corregimos la lectura de Ma (*mostrad*). Cf. Amador, Durán y Sola-Solé; Vegue y Goldoni: *mostraos*. 14 *socós*: socorro; del catalán *socors* (cf. Alcover).

XXXVIII

Otro soneto qu'el Marqués fizo en loor de Sant Christóual.

Leño [felice] qu'el grant poderío
que todo el mundo no pudo ayubar,
en cuyo pomo yua el señorío
de çielos, tierras, arenas e mar;

sin altercaçiones e sin desuío,
mas [leda] e gratamente sin dubdar,
en el tu cuello le pasaste el rrío,
que non sin causa se deuió negar.

Jaián entre los santos, admirable
por fuerça insigne e grant estatura,
de quien yo fago comemoraçión,

faz, por tus rruegos, por el espantable
passo yo pase en naue segura,
libre del golfo de la dapnaçión.

1 *leño*: San Cristóbal es comparado con una embarcación. En la poesía italiana desde Dante y Petrarca abundan los ejemplos de *legno* por 'nave.' Nótese la forma italiana *felice*. 2 *ayubar*: ayudar; del lat. *adjuvare*. 3 *pomo*: el tope del mástil; del lat. *pomus*. Cf. A. Jal, *Glossaire nautique*, París, 1848: *pomme d'un mât*. El hombro de San Cristóbal es comparado con el 'pomo' del mástil. 4 Amador, Durán: *sierras*. Sola-Solé corrige sierras en *[t]ierras*. 6 [leda]: seguimos la enmienda propuesta por Amador; Vegue y Goldoni mantiene *legra*. 9 *Jaián*: gigante. Según Corominas (s. v. *gigante*) se documenta la voz por primera vez en 1605. *Jaián* se encuentra también en una poesía de Villasandino († c. 1424) en el *Cancionero de Baena*, ed. cit., p. 363. 13 *passo*: lance, suceso. *passo...pase*: figura etimológica.

XXXIX

Otro soneto qu'el Marqués fizo a Sant Bernaldino, fraire de los
menores.

Ánima deuota, que en el signo
e santo nonbre estás contenplando,
e los sus rrayos con viso aquilino
solares miras fixo, non vagando,

serás perfecto e disçípulo digno
del pobre seráphico; güardando
el orden suyo ganaste el deuino
lugar eterno, do biuís triunfando.

Ningunas dignidades corronpieron
el fuerte muro de tu santidad;
sábenlo Siena, Ferrara e Orbino.

Nin las sus rricas mitras comovieron
las tus ynopias, nin tu pobredad;
por mí te rruego rruegues, Bernaldino.

1 Amador, Durán, Sola-Solé: *o(h) ánima*. 1-2 *signo / e santo nonbre*: acaso el poeta aluda
al hecho de que San Bernardino solía llevar una insignia con el monograma *IHS*, o sea,
Iesus. 3-4 Hipérbaton: *los sus rrayos solares miras fixo con viso aquilino*. Se refiere a la
aureola que se figura circundando la cabeza de Jesucristo. 6 *pobre seráphico*: San
Francisco de Asís. San Bernardino era también franciscano. Amador, Durán, Sola-Solé:
D'aquel pobre seráphico; e guardando. 8 *biuís*: es decir, San Francisco y San Bernardino.
Por lo tanto, la enmienda de Amador, Durán y Sola-Solé (*vives*) no es necesaria. 11
Orbino: Urbino. 14 *rruego rruegues*: poliptoton. 12 El Papa Martino V quiso hacerle
obispo de Siena, honra que Bernardino rechazó. Vegue y Goldoni: *las tus rricas*. 13
ynopias: inopia, pobreza.

XL

Otro soneto qu'el Marqués fizo a Sant Andrés.

Si ánima alguna tú sacas de pena
por el festiual don, es oy la mía,
pescador santo, vno de la çena
de la deuinal mesa e conpañía.

Tú conuertiste la flama egehe[n]a,
en la qual grandes tienpos ha que ardía,
en mansa calma, tranquila e serena,
e mi graue langor en alegría.

Pues me traýste, Señor, donde vea
aquella que en ni[ñ]ez me conquistó,
a quien adoro, siruo e me guerrea,

e las mis fuerças del todo sobró;
a quien deseo e non me desea,
a quien me mata, avnque suyo so.

2 *festiual*: festivo. 3 *pescador santo*: San Andrés era pescador de oficio. 5 Amador,
Durán: *convertistes*. *egehe[n]a*: adjetivo formado por el Marqués del latín *gehenna*,
infierno, que viene del hebreo *ge(y)hinnom* (Sola-Solé, p. 167). Durán sugiere que
egehena pudiera ser "un error del copista por 'de gehena,' del infierno" (p. 332). La rima
obliga a corregir la lectura del manuscrito. Vegue y Goldoni: *egehesa*. 9 Amador, Durán:
donde yo vea; Sola-Solé: *do yo vea*. 10 Sola-Solé: [a] aquella; cf. el soneto XI, vs.7.

XLI

Otro soneto qu'el Marqués fizo a Sant Viçente, de la orden de los predicadores.

De sí mesma comiença la ordenada
caridad, e así vos, terçio Calixto,
aquella santidad bien meritada
por fray Viçente, disci[pl]o de Xripsto,

quesistes que fuese confirmada
por consistorio, segunt vos fue visto.
Gozóse España con esta jornada;
que a Dios fue grato e al mundo bienquisto.

Mas imploramos a vuestra clemençia,
si serán dignas nuestras santas preçes,
non se rrecusen; mas da[d]nos segundo

canonizado por vulgar sentençia,
al confesor ynsign[e] Villa[c]reçes;
muy glorïosa fue su vida al mundo.

1-2 *De sí ... caridad*: variante del refrán 'la caridad bien ordenada empieza por sí mismo,' traducción del lat. 'Charitas bene ordinata a semetipso incipit' (*Aut.*, s.v. *charidad*). 2 *terçio Calixto*: Calixto III, el español Alfonso Domingo de Borja, papa de 1455 a 1458. 3 *meritada*: merecida. 4 *fray Viçente*: fray Vicente Ferrer (± 1350-1419). *discí[pl]o*: con la forma sincopada, muy común en la Edad Media (Corominas, s.v. *discípulo*) tiene el verso 11 sílabas. 5 *quesistes*: quisistes. Cf. Louis F. Sas, *Vocabulario del 'Libro de Alexandre,'* Anejo XXXIV del *Boletín de la Real Academia Española*, Madrid, 1976, p. 524. 5-6 Fray Vicente Ferrer fue canonizado por Calixto III el tres de junio de 1455. 11 *rrecusen*: rechacen; del lat. *recusare*. Amador, Durán: *reffusen*. *da[d]nos*: enmienda que la gramática impone. 13 *ynsign[e]*: del lat. *insignis*. *Villa[c]reçes*: fray Pedro de Villacreces (± 1347-1422), reformador de la orden franciscana en Castilla.

XLII

Otro soneto qu'el Marqués fizo de suplicaçión al Ángel Guardador.

De la superna corte curïal,
e sacro soçio de la gerarchía,
que de la diua morada eternal
fuste enbiado por custodia mía,

graçias te fago, mi guarda espeçial,
ca me guardaste fasta en este día
de las insidias del vniuersal
nuestro aduersario, e fuste mi guía.

E así te rruego, Ángel, ayas cura
del curso de mi vida e breuiedad,
e con diligençïa te apresura,

ca mucho es débil mi fragilidad;
onesta vida e muerte me procura,
e al fin con los justos santidad.

1 *superna*: superior. Es un neologismo. *curïal*: miembro de la curia, o sea, "De la superna corte." 7 *insidias*: emboscadas, asechanzas. 8 *nuestro aduersario*: el diablo. Amador, Durán, Sola-Solé: la *mi guía*. 11 *te apresura*: imperativo con anteposición del pronombre; cf. Menéndez Pidal, *Cantar de Mío Cid*, Primera parte, Crítica del texto - gramática, tercera edición, Espasa-Calpe, Madrid, 1954, párr. 205, p.404. Amador, Durán, Sola-Solé: *ella con diligençia ...; Vegue y Goldoni: se apresura.* 13 *me procura*: véase la nota al vs.11.

III

El orden de los sonetos en las distintas ediciones.

Nuestra edición, Vegue y Goldoni	Amador de los Ríos, Durán	Sola-Solé
I	I	I
II	II	XLI
III	III	II
IV	IV	III
V	V	XLII
VI	VI	IV
VII	VII	V
VIII	VIII	VI
IX	IX	VII
X	X	XXIII
XI	XI	VIII
XII	XII	IX
XIII	XIII	XXX
XIV	XIV	X
XV	XV	XXVII
XVI	XVI	XI
XVII	XVII	XXIV
XVIII	XXIX	XXV
XIX	XVIII	XII
XX	XIX	XIII
XXI	XX	XIV
XXII	XXX	XXVIII
XXIII	XXI	XV
XXIV	XXII	XVI
XXV	XXIII	XVII
XXVI	XXIV	XVIII
XXVII	XXV	XIX
XXVIII	XXVI	XX

XXIX	XXVII	XXI
XXX	XXXI	XXXI
XXXI	XXXII	XXVI
XXXII	XXXIII	XXXII
XXXIII	XXXIV	XXIX
XXXIV	XXXVII	XXXV
XXXV	XXXVI	XXXIV
XXXVI	XXXV	XXXIII
XXXVII	XXVIII	XXII
XXXVIII	XXXVIII	XXXVI
XXXIX	XXXIX	XXXVII
XL	XL	XXXVIII
XLI	XLI	XXXIX
XLII	XLII	XL

IV

Índice de rimas

Con respecto a la concordancia general y los esquemas estróficos remitimos a la edición de Sola-Solé (pp. 103-150 y 169).

Rimas oxítonas:

-ad	VIII, 2-4-6-8; XIV, 11-14; XVIII, 9-12; XX, 2-4-6-8; XXX, 6-7; XXXIX, 10-13; XLII, 10-12-14.
-al/-ial	VI, 2-4-6-8; XXI, 2-4-6-8; XXIV, 10-12-14; XXV, 9-11-13; XXVI, 10-12-14; XLII, 1-3-5-7.
-án	XXIII, 9-12; XXXVI, 9-11-13.
-ar	II, 6-7; XVI, 9-11-13; XXIX, 9-12; XXXVIII, 2-4-6-8.
-é	XXVII, 1-3-5-7.
-ed	XXXIII, 2-4-6-8.
-er	XIX, 9-11-13.
-í	IX, 10-12-14.
-il	XXIII, 1-3-5-7.
-ó	XXVIII, 10-13; XXXVII, 2-4-6-8; XL, 10-12-14.
-ón/-ión	IV, 9-11-13; XV, 9-11-13; XXXV, 1-3-5-7; XXXVIII, 11-14.
-or	VII, 1-3-5-7; XIV, 2-3-6-7; XVI, 2-4-6-8; XX, 9-12.
-ós/-iós	XXIX, 11-14; XXXVII, 11-14.
-ud	XXXIV, 1-3-5-7.

Rimas
paroxítonas:

-aua	IX, 6-7.
-able	XXXVIII, 9-12.
-ada	II, 10-12-14; V, 2-4-6-8; VII, 2-4-6-8; XIII, 1-3-5-7; XXIV, 9-11-13; XXV, 2-4-6-8; XXVII, 11-14; XXX, 9-12; XLI, 1-3-5-7.
-ades	XV, 1-4-5-8.
-adme	XXVI, 9-11-13.
-ado	XIX,1-3-5-7; XXIII, 2-4-6-8; XXVII, 9-12; XXXIII, 1-3-5-7.
-ales	XXVII, 2-4-6-8; XXIX, 10-13.
-alma	XXXIV, 10-13.
-amos	XXXV, 9-11-13.
-ana	X, 2-3; XII, 2-4-5-8; XXXIV, 2-4-6-8.
-anas	XXX, 1-3.
-ando	XXIV, 1-3-5-7; XXXI, 6-7; XXXIX, 2-4-6-8.
-ante	V, 10-12-14; X, 11-14; XXXIV, 9-12.
-ança	X, 1-4-5-8; XXX, 10-13.
-aña	XXXII, 1-3-5-7.
-año	XXII, 1-3-5-7.
-ara	XXXIV, 11-14.
-arios	XXIX, 1-3-5-7.
-aron/-iaron	XVII, 9-11-13.
-ate	XII, 1-3.
-ea	V, 9-11-13; XII, 6-7; XXIV, 2-4-6-8; XXXVI, 2-4-6-8; XL, 9-11-13.
-eçe	XXVIII, 9-12.
-eçes	XLI, 10-13.
-echo	XXXIII, 10-12-14.
-emos	XXII, 9-11-13; XXXIII, 9-11-13.
-ena/-uena	XVI, 1-3-5-7; XL, 1-3-5-7.
-enas	XXI, 1-3-5-7.
-ençia/-iença	III, 2-4-6-8; XI, 10-12-14; XXV, 10-12-14; XLI, 9-12.
-engua	XI, 2-3.
-enso/-ienso	IV, 2-4-6-8.

-ente/-iente	IX, 1-4-5-8; XIV, 10-13; XVII, 10-12-14; XXIII, 11-14; XXVI, 1-3-5-7; XXX, 11-14; XXXII, 2-4-6-8; XXXV, 10-12-14.
-entes	XVIII, 10-13.
-ento/-iento	XV, 10-12-14.
-eo	I, 9-11-13; XIX, 10-12-14; XXVIII, 1-3-5-7.
-era/-iera	X, 6-7; XXX, 2-4-5-8.
-erio	XVIII, 1-4-5-8.
-ero	XX, 10-12; XXXII, 9-11-13.
-eron/-ieron	XXXIX, 9-12.
-eros/ieros	XVII, 2-4-6-8.
-erra/-ierra	XXV, 1-3-5-7.
-esta	XV, 6-7.
-eza	I, 2-4-6-8; VII, 9-11-13; XII, 10-12-14; XVIII, 6-7; XIX, 2-4-6-8.
-ía	IV, 1-3-5-7; VI, 9-11-13; VIII, 1-3-5-7; XXII, 2-4-6-8; XXXVI, 10-12-14; XL, 2-4-6-8; XLII, 2-4-6-8.
-ías	XXXI, 1-4-5-8.
-içios/-ipçios	XXVI, 2-4-6-8.
-ida	XVI, 10-12-14; XXXVII, 9-12.
-ides	X, 9-12.
-ida	II, 9-11-13; III, 9-11-13.
-idas	XVIII, 11-14.
-ido	II, 2-3.
-iendo	XI, 9-11-13.
-iento	VI, 10-12-14.
-iga	II, 1-4-5-8.
-iles	XVII, 1-3-5-7.
-ina/-igna	III, 1-3-5-7; VII, 10-12-14; IX, 9-11-13; XIII, 10-12-14.
-ino/igno	I, 10-12-14; IV, 10-12-14; V, 1-3-5-7; XXXVI, 1-3-5-7; XXXIX, 1-3-5-7-11-14.
-ío	XX, 1-3-5-7; XXI, 9-12; XXXVIII, 1-3-5-7.
-istes	XXXI, 10-12-14.
-isto/-ixto/-ipsto	XLI, 2-4-6-8.
-oco	XV, 2-3.
-odo	XVIII, 2-3.
-ombre	XXXI, 2-3.

-ona	XIV, 1-4-5-8.
-ones/-iones	XI, 6-7; XXVIII, 2-4-6-8; XXXII, 10-12-14; XXXVII, 1-3-5-7.
-ores	XIII, 9-11-13; XXII, 10-12-14; XXXI, 9-11-13.
-osa	XXXVII, 10-13.
-oso/-ioso	III, 10-12-14; VIII, 10-12-14; XI, 1-4-5-8; XIII, 2-4-6-8; XIV, 9-12; XXI, 11-14; XXVII, 10-13; XXXV, 2-4-6-8.
-osos	IX, 2-3.
-uerte	X, 10-13; XX, 11-14.
-undo	XLI, 11-14.
-ura	I, 1-3-5-7; VI, 1-3-5-7; XII, 9-11-13; XXI, 10-13; XXIII, 10-13; XXVIII, 11-14; XXIX, 2-4-6-8; XXXVIII, 10-13; XLII, 9-11-13.
-uye	VIII, 9-11-13.

V

Bibliografía

Alcover, Antoni Mª y Francesc de B. Moll, *Diccionari català-valencià-balear*, segona edició, Palma de Mallorca, 1964.

Alfonso el Sabio, *El Setenario*. Edición de Kenneth H. Vanderford, Buenos Aires, 1945.

—————, *Concordances and Texts of the Royal Scriptorium Manuscripts of Alfonso X, El Sabio*. Edited by Lloyd Kasten and John Nitti, Madison, 1978.

Aubrun, Charles V., "Inventaire des sources pour l'étude de la poésie castillane au XVᵉ siécle," *Estudios dedicados a Menéndez Pidal*, IV, pp. 297-330, Madrid, 1953.

Bartelink, G.J.M., *Mythologisch woordenboek*, Prisma, nº 1346, derde druk, Utrecht-Antwerpen, 1978.

Bartolini, Alessandra, "Il canzoniere castigliano di San Martino delle Scale (Palermo)." *Bolletino Centro di studi filogici e linguistici sici- liani*, Palermo, 4 (1956), pp. 147-187.

Cancionero Castellano del Siglo XV, ordenado por R. Foulché-Delbosc, tomo I, Madrid: Casa Editorial Bailly-Baillière, 1912.

Cancionero de Juan Fernández de Ixar. Estudio y edición crítica por José María Azáceta, 2 vols., Madrid: C.S.I.C., 1956.

Cancionero de Gallardo. Edición crítica por José María Azáceta. Madrid: C.S.I.C., 1962.

Cancionero de Juan Alfonso de Baena. Edición crítica por José María Azáceta, tomo I, Madrid: C.S.I.C., 1966.

Carr, Derek C., "Another Look at the Metrics of Santillana's Sonnets," *Hispanic Review*, 46 (1978), pp. 41-53.

Carrera de la Red, Fátima, *Las expresiones causativas en las obras de Gonzalo de Berceo*, Logroño: Instituto de Estudios Riojanos, 1982.

Corominas, J., *Diccionario crítico etimológico de la lengua castellana*, 4 vols., Madrid: Gredos, 1955-1957.

Diccionario de Autoridades, reproducción facsímile, 3 vols., Madrid: Gredos, 1954.

Diccionario Enciclopédico Hispano-Americano, 28 vols., Barcelona, 1887-1910.

Diccionario histórico de la lengua española, Tomo I, Madrid, 1933.

Dizionario Enciclopedico Italiano, Roma, 1958.

Du Cange, *Glossarium mediae et infimae latinitatis*, tomus septimus, París, 1938.

Dutton, Brian, (con la colaboración de Stephen Fleming, Jineen Krogstad, Francisco Santoyo Vázquez y Joaquín González Cuenca), *Catálogo-Índice de la Poesía Cancioneril del Siglo XV*, Madison, 1982.

Enciclopedia Dantesca, Roma, 1970.

Falcón Martínez, Constantino; Emilio Fernández-Galiano, y Raquel López Melero, *Diccionario de la mitología clásica*, 2 vols., Madrid: Alianza Editorial, 1980.

Fournival, Richard de, *Le Bestiaire d'amour*, (Slatkine Reprints), Genève, 1978.

Fubini, Mario, *Metrica e Poesía*, I, Milán, 1962.

González Cuenca, Joaquín, "Cancioneros manuscritos del prerrenacimiento." *Revista de Literatura*, XL (1978), pp. 177-215.

González-Ollé, F., "De la etimología de 'társica' al tópico de los 'ojos verdes,'" en *Studia hispanica in honorem R. Lapesa*, tomo I, Madrid, 1972, pp. 281-294.

Hanssen, Federico, *Gramática histórica de la lengua castellana*, París, 1966.

Henríquez Ureña, Pedro, *La versificación española irregular*, segunda edición corregida y adicionada, Madrid, 1933.

Jal, A., *Glossaire nautique*, París, 1848.

Kerkhof, Maxim. P.A.M., "Algunas observaciones sobre la edición de Manuel Durán de las 'Serranillas,' 'Cantares y Decires' y 'Sonetos fechos al itálico modo' del Marqués de Santillana (Clásicos Castalia, n°. 64, Madrid, 1975)," *Neophilologus*, LXI (1977), pp. 86-105.

—————., "El Ms. 80 de la Biblioteca Pública de Toledo y el Ms. 1967 de la Biblioteca de Catalunya de Barcelona, dos códices poco conocidos: algunas poesías inéditas y observaciones sobre varios textos contenidos en ellos," *Revista de Archivos, Bibliotecas y Museos*, LXXXII (1979), pp. 17-58.

Lang, Henry R., *List of Cancioneros*, en *Cancioneiro Gallego-Castelhano, the extant Galician poems of the Gallego-Castilian school (1350-1450)*, collected and edited with a literary study, notes and glossary by..., New York—London, 1902.

Lapesa, Rafael, "El endecasílabo en los sonetos de Santillana," *Romance Philology*, X (1956-1957), pp. 180-185.

————, *La obra literaria del Marqués de Santillana*, Madrid: Ínsula, 1957.

Leomarte, *Sumas de historia troyana*. Edición, prólogo, notas y vocabulario de Agapito Rey, (Anejo XV de la *Revista de Filología Española*), Madrid, 1932.

Lida de Malkiel, María Rosa, *Juan de Mena, poeta del prerrenacimiento español*, Mexico: Fondo de Cultura Económica, 1950.

López de Mendoza, Íñigo, *Rimas inéditas de don Íñigo López de Mendoza, Marqués de Santillana, de Fernán Pérez de Guzmán, Señor de Batres y de otros poetas del siglo XV*. Edición de Eugenio de Ochoa, París: Imprenta de Fain y Thunot, 1844.

————, *Obras de don Íñigo López de Mendoza, Marqués de Santillana*, ahora por vez primera compiladas de los códices originales e ilustradas con la vida del autor, notas y comentarios por don José Amador de los Ríos, Madrid, 1852.

————, *Los sonetos 'al itálico modo' de don Íñigo López de Mendoza, Marqués de Santillana*. Estudio crítico y nueva edición de los mismos por Ángel Vegue y Goldoni, Madrid, 1911.

————, "Il 'Proemio' del Marchese di Santillana," edición de Luigi Sorrento, *Revue Hispanique*, LV (1922), pp. 1-49.

López de Mendoza, D. Íñigo, Marqués de Santillana, *La 'Comedieta de Ponza'*. Edición crítica, introducción y notas de Maxim. P.A.M. Kerkhof, Groningen, 1976.

————, *Defunsión de don Enrrique de Uillena, señor docto e de exçellente ingenio*. Edición, introducción y notas de Maxim. P.A.M. Kerkhof, Martinus Nijhoff, Den Haag, 1977.

————, Marqués de Santillana, *Bías contra Fortuna*. Edición crítica, introducción y notas por Maxim. P.A.M. Kerkhof, (Anejo XXXIX del *Boletín de la Real Academia Española*), Madrid, 1983.

Lucano: Lucan, with an English translation by J.D. Duff, M.A., *The*

Civil War, Books I-X (Pharsalia), (The Loeb Classical Library) London, Cambridge, Massachusetts, 1962.

Macrí, Oreste, *Ensayo de métrica sintagmática*, Madrid: Gredos, 1969.

Marqués de Santillana, *Prose and Verse*, ed. J.B. Trend, London, 1940.

—————, *Marqués de Santillana y Juan de Mena*. Edición de Elena Villamana, (Biblioteca Clásica Ebro), Zaragoza, 1955.

—————, *Canciones y Decires*. Edición, prólogo y notas de Vicente García de Diego, (Clásicos Castellanos, nº. 18), Madrid: Espasa-Calpe, 1968.

—————, *Poesías completas*. Edición de Manuel Durán, (Clásicos Castalia, nº. 64.), Madrid, 1975.

—————, *Los sonetos 'al itálico modo' del Marqués de Santillana*. Edición crítica, analítico-cuantitativa por Josep Sola-Solé, Barcelona: Puvill, 1980.

Martínez de Toledo, Alfonso, *Arcipreste de Talavera o Corbacho*. Edición, introducción y notas de J. González Muela. (Clásicos Castalia, nº. 24.), Madrid, 1970.

Mena, Juan de, *Obra lírica*. Edición, estudio y notas de Miguel Ángel Pérez Priego, Madrid: Editorial Alhambra, 1979.

Menéndez Pidal, Ramón, *Cantar de Mío Cid*, 3 vols., Madrid: Espasa-Calpe, 1954.

—————, *Manual de gramática histórica española*, duodécima edición, Madrid: Espasa-Calpe, 1966.

Metzeltin, Michael, *Altspanisches Elementarbuch*, I, *Das Altkastilische*, Heidelberg, 1979.

Morel-Fatio, A., *Catalogue des manuscrits espagnols et portugais de la 'Bibliothèque Nationale,'* París, 1892.

Mussafia, Adolf, "Per la bibliografia dei 'Cancioneros' Spagnuoli," *Denkschriften der Kaiserlichen Akademie der Wissenschaften, Philosophisch-Historische Classe*, 47. Band, pp. 1-20. Wien, 1902.

Oelschläger, Victor R.B., *A Medieval Spanish Word-List*, Madison, 1940.

Ovidio: Ovidius Naso, *Metamorphoseon libri XV*, ed. Hugo Magnus, Berolini, 1914.

Penna, Mario, "Notas sobre el endecasílabo en los sonetos del Marqués de Santillana," *Estudios dedicados a Menéndez Pidal*, tomo V, Madrid: C.S.I.C., 1954, pp. 253-282.

Pérez y Curis, M., *El Marqués de Santillana, Íñigo López de Mendoza. El poeta, el prosador y el hombre*, Montevideo, 1916.

Petrarca, Francesco, *Le Rime*. A cura di Giosué Carducci e Severino Ferrari, Firenze: Sansoni, 1965.

Proverbios de Salamón. Edición C.E. Kany, *Homenaje a Menéndez Pidal*, vol. I, Madrid, 1925, pp. 269-285.

Quilis, Antonio, reseña de la edición de los *Sonetos* de Santillana de Josep Sola-Solé, *Revista de Filología Española*, LX (1978-1980), pp. 327-373.

Sas, Louis F., *Vocabulario del 'Libro de Alexandre,'*(Anejo XXXIV del *Boletín de la Real Academia Española*), Madrid, 1976.

Serís, Homero, *Manual de bibliografía de la literatura española*, Primera Parte, Syracuse, New York, 1948.

Seronde, Joseph, "A Study of the Relations of Some Leading French Poets of the XIVth and XVth Centuries to the Marqués de Santillana," *The Romanic Review*, VI (1915), pp. 60-86.

Simón Díaz, José, *Bibliografía de la literatura hispánica*, tomo III, vol. primero, Madrid: C.S.I.C., 1963.

Steunou, Jacqueline, y Lothar Knapp, *Bibliografía de los cancioneros castellanos del siglo XV y repertorio de sus géneros poéticos*, vol. I y vol. II, París: Centre National de la Recherche Scientifique, 1975 y 1978.

Street, Florence, "The Text of Mena's 'Laberinto' in the 'Cancionero de Ixar' and Its Relationship to Some Other Fifteenth-century Mss.," *Bulletin of Hispanic Studies*, XXXV (1958), pp. 63-71.

Vàrvaro, Alberto, *Premesse ad un'edizione critica delle poesie minori di Juan de Mena*, Napoli: Liguori, 1964.

Virgilio; *The Aeneid of Virgil*, edited with Introduction and Notes by T.E. Page, M.A., New York, 1967.

Wagenaar, K. W., *Étude sur la négation en ancien espagnol jusqu'au XVᵉ siècle*, Groningen-Den Haag, 1930.

Whinnom, Keith, reseña de la edición de las *Poesías completas* del Marqués de Santillana de Manuel Durán (Castalia, nᵒˢ. 64 y 94. Madrid, 1975 y 1980) y de la edición de *Los sonetos 'al itálico modo' del Marqués de Santillana* de Josep Sola-Solé (Barcelona: Puvill, 1980), *Bulletin of Hispanic Studies*, LVIII (1981), pp. 140-141.

Zauner, Adolf, *Altspanisches Elementarbuch*, zweite umgearbeitete Auflage, Heidelberg, 1921.

Ysopete-Zaragoza, 1489

hic liber confectus est
Madisoni .mcmlxxxv.